죽음을 택한
조선의
선비들

죽음을 택한 조선의 선비들

역사가 기억해야 할
조선의 죽음과 희생정신

정구선 지음

애플북스

자살은 스스로 자신의 목숨을 끊는 것, 또는 자발적 내지 의도적으로 스스로 목숨을 끊는 행위를 가리킨다. 또한 자결은 의분을 참지 못하거나 지조를 지키기 위해 스스로 목숨을 끊음을 뜻한다. 스스로 목숨을 끊는다는 점에서 자결은 자살의 동의어 내지 일부라고 할 수 있다. 그리고 자살과 같은 의미의 단어로는 자진自盡이 있다. 자살과 자결이 자의적 자살이라면 자진은 타의에 의한 자살이라고 할 수 있다.

요즈음 우리나라를 자살공화국이라고들 한다. 정부의 발표에 따르면, 2009년 한 해에 모두 1만 5,413명이 자살하여 하루 42명꼴로 자살한 결과를 낳았다. 이는 2008년에 비해 20퍼센트가량 증가한 수치로, 우리나라는 OECD 가입국 중 자살률 1위라는 불명예를 이어가고 있다. 또한 자살은 한국인의 주된 사망 원인인 암, 뇌혈관 질환, 심장 질환에 이어 네 번째를 차지할 정도로 그 비중이 높다.

근래에 전직 대통령이 스스로 목숨을 끊었고, 대기업 회장과 임원, 저명인사와 연예인 들이 잇달아 죽음을 택했다. 그 이유가 무엇이든 그들의 자살은 우리를 한없이 우울하게 한다.

과연 그들은 왜 자살했을까. 이것이 정말 궁금하다. 그런 자살 사건을 보면서 우리는 인생무상, 권력무상을 실감하게 되며, 각자 삶과 죽음에 대해 진지하게 생각하게 되기도 한다. 그러나 이런 생각은 쉽게 결론을 내기 힘든 문제며, 자살에 대한 이야기는 조심스럽기만 하다. 한 번뿐인 삶, 남겨진 사람들, 극단적인 선택의 이유, 죽음과 개인의 자유의지, 다른 선택의 가능성 등과 같은 문제를 생각할 때 어찌 단순 명료한 결론을 내릴 수 있겠는가.

그렇지만 한 가지 분명한 것은 자살이 결코 문제의 근본적이고 현명한 해결책이 될 수 없다는 점이다. 최근 종교 지도자들이 강조하듯, 어떤 경우에도 자살은 용납될 수 없으며 고통에서 도피하는 수단이나 문제 해결 방법이 될 수 없다는 말을 귀담아들을 필요가 있다.

일반적으로는 자살의 원인 80퍼센트는 우울증과 관련 있다고 하며, 그 밖에도 약물 중독, 불명예 또는 저마다의 고통과 절망에서 벗어나려고 자살을 시도하는 것으로 알려져 있다. 요사이는 각 분야에서 정상급 위치를 굳혀 일반인이 보기에 남부러울 것이 없는데도 부귀영화를 포기한 채 목숨을 버리는 일이 많은데, 전문가들은 이러한 현상을 치열한 경쟁 사회가 낳은 병리 현상으로 풀이하기도 한다. 어떻게 보면 자살은 삶, 돈, 사랑 등에 대한 지나친 집착이나 욕심에서 비롯되는 것이라는 생각도 든다.

자살에 대한 관점은 민족이나 문화, 종교, 법, 사회제도 등에 따라 다양하다. 대부분의 종교에서는 자살을 죄나 부도덕한 행위로 여기며, 서구에서는 자살을 범죄로 여겨 재산 몰수 등과 같은 처벌을 내리기도 했다. 대개 서구 사회에서는 기독교의 영향으로, 아시아에서는 불교, 이슬람교, 힌두교 등의 영향으로 자살을 범죄 내지 부도덕한 행위로 여긴다. 특히 가톨릭과 기독교 전통에서는 자살한 사람은 무조건 지옥에 떨어지며, 영원히 회개할 수 없는 죄를 지은 것이라 하여 종교적 장례 의식도 허용하지 않는다.

그렇다면 우리 선조들은 어땠을까? 특히 조선시대 사람들은 자살을 어떻게 바라보았으며 자살의 주된 원인은 무엇이었을까.

인조 대의 문신 홍호에 따르면 자살에도 그 마음가짐에 따라 세 등급이 있다고 한다. 그중 가장 높은 것은 인仁을 이루고 의義를 취하기 위해 죽는 것으로 이것은 감히 논할 수 없는 경지다. 그다음은 비분강개하여 자기 몸을 희생하는 것이며, 세 번째는 형세가 반드시 환난을 면할 수 없음을 알고 자결하는 것이다.

조선시대의 자살 또는 자결에 대해 살펴볼 때 한 가지 주목할 만한 점은 여성들의 죽음이다. 남성들에게 사회, 정치적 명예가 중시되었듯 조선의 여성들에게 가장 중요한 명예는 정절이었다. 이를 지키지 못할 위기에 처하거나 몸을 더럽혔을 때 선택한 자살은 뭇사람들에게 칭송을 받았으며 열녀문을 세워주는 등 나라에서 은전을 내리기까지 했다. 물론 조선시대 여성들의 '정절'이란 오늘날 우리에게 미덕이라기보다는 강요된 이데올로기이자 그 시대 여성들의 힘겨운 삶을 상상하게 하는 면이 더 크지만 말이다.

한마디로 조선의 집권층인 양반 사대부들은 대개 정치적으로 패배하거나 역모에 실패하여 스스로 목숨을 끊었고, 힘없는 백성들이나 여인네들은 관리들의 착취에 저항하고 몸을 더럽히지 않으려고 한 많은 세상을 등졌다. 다시 말해, 권력자들이나 관리들은 대체로 정치적 이유로 자결했고, 일반 백성들은 체제 저항의 수단으로 죽음의 길을 택했으며, 여인들은 윤리 도덕적인 절개를 지키기 위해 몸을 던졌다. 요즈음처럼 우울증이나 생활고 같은 개인적 문제에 의한 충동적, 염세적 자살은 상대적으로 적었다. 그들은 때로는 칼로 목을 찌르고, 독약을 마시고, 몸을 불태우고, 낭떠러지에서 떨어졌다. 그리고 이 모든 자살 내지 자결 사건들에는 단순한 개인의 사연을 넘어 당시 사회의 정치 상황과 사회문제, 풍속, 가치관 등이 다양하게 녹아 있으니, 조선의 다양한 사람들의 다양한 삶의 일면을 들여다보는 거울로 삼기에 충분하리라.

2010년 10월
정구선

차례

3장 여인들의 한스러운 자결

4장 전쟁터에서의 외로운 결단

5장 민초들의 마지막 선택

6장 애도할 수만은 없는 죽음

1장

왕실을 둘러싼
자살사건

●
단종

　단종은 1450년 문종이 즉위하자 왕세자에 책봉되고, 2년 뒤 문종이 승하하자 12세의 어린 나이에 왕위에 올랐다. 병약했던 문종은 죽기 직전에 황보인, 김종서 등의 신하들에게 나이 어린 세자의 보필을 부탁했고, 집현전 학사인 성삼문, 박팽년, 신숙주 등에게도 좌우에서 힘을 모아 도와주라는 유언을 남겼다.

　그러나 1453년에 단종의 숙부인 수양대군이 권남, 한명회 등과 함께 황보인, 김종서 등을 제거하고 나라의 모든 권한을 장악하자 단종은 이름뿐인 왕이 되었다. 2년 후 단종은 한명회 등의 압력을 견디지 못해 수양대군에게 왕위를 물려주고 상왕으로 물러났다. 그리고 1456년에 성삼문, 박팽년, 하위지, 이개, 유응부, 유성원 등이 단종 복위를 도모하다 모두 처형된 뒤, 이듬해 상왕에서 노산군魯山君으로 강봉되어 강원도 영월로 유배되었다. 그해 9월 경상도 순흥에 유배된 숙부 금성대군이 다시 단종의 복위를 계획하다가 발각되자, 노산군에서 서인으로 강등되었다가 10월에 결국 죽음을 맞이했다.

단종의 죽음에 대해서는 수양대군, 즉 세조와 그 측근들에 의한 타살설이 대세지만 실록에는 다음과 같이 금성대군 등의 복위 운동이 실패한 직후 자살한 것으로 나온다.

> 금성대군의 거사가 발각된 후인 세조 3년1457 10월에 영의정 정인지 등이 반역 죄인인 금성대군 이유, 화의군 이영, 한남군 이어, 영풍군 이전 등의 종친과 정종, 송현수 등의 일당을 처형할 것을 강력하게 주청했다. 그러자 임금은 이유는 사약을 내리고, 이영 등은 논하지 말라고 명했다.
>
> 정인지 등이 다시 나머지도 처형해야 한다고 아뢰자 임금은 "불가하다. 옛사람의 말에 '괴수들은 섬멸할 것이로되, 협박에 못 이겨 따른 자는 다스리지 않는다' 했고, 또한 성인聖人은 너무 심한 것은 하지 않았으니 이제 만약 아울러서 법대로 다스린다면 이는 너무 심하다"라고 했다. 그러면서 단종의 장인인 송현수는 교형絞刑에 처하고 나머지는 논하지 말게 했다. 정인지 등이 다시 이영 등을 유배지로 보낼 것을 청하니, 이를 윤허했다. 노산군이 이를 듣고 또한 스스로 목매어서 죽으니 예禮로써 장사지냈다.
>
> 《세조실록》 권9, 3년 10월 신해

이처럼 실록에는 단종이 스스로 목숨을 끊은 것으로 표현되어 있지만, 역사학자 대부분은 그 당시의 상황으로 볼 때 실록의 기록은 믿을 수 없으며 단종은 자살한 것이 아니라 세조에게 살해되었다고 보고 있다. 또한 많은 소설에서도 그의 타살을 묘사한 것을 볼 수 있다.

조선 전기 이래 오랫동안 공식적으로 인정된 단종 자살설은 숙종 대에 접어들어 타살설에 자리를 내주고, 그때부터 이것이 정설이 된 것으로 보인다. 노산군으로 강봉되었던 단종은 숙종 24년1698에 복위되었는데, 이듬해에 하직하는 수령을 만나 유시하는 자리에서 숙종이 한 말을 보면 당시에 단종의 타살설이 이미 굳어져 있었음을 알 수 있다.

> 단종 대왕이 영월에 피하여 계실 적에 금부도사 왕방연이 고을에 도착해 머뭇거리면서 감히 들어가지 못했고, 뜰에 들어왔을 때 단종 대왕께서 관복冠服을 갖추고 마루로 나오시어 온 이유를 하문하셨으나 왕방연이 대답하지 못했다. 그가 임금의 명령을 받든 신하로서도 오히려 그러했는데, 그때 앞에서 늘 모시던 공생貢生(향교의 생도) 하나가 차마 하지 못할 일을 스스로 하겠다고 자청하고 나섰다가 즉시 아홉 구멍으로 피를 쏟고 죽었다. 하늘의 도리는 논해야겠으니, 그 공생의 성명이 전해 와서 알 수 있는 단서가 있으면 영월에서 조사해 보고하게 하라.
>
> 《숙종실록》 권33, 25년 1월 임신

이 기록을 보면, 금부도사 왕방연이 단종에게 사약을 내리려고 했으나 차마 실행하지 못하자 공생이 단종을 죽인 사실을 숙종이 이미 알고 있었음을 짐작할 수 있다. 임금이 알 정도니 그 이전부터 단종의 타살설이 널리 유포되어 있었을 것이다. 타살설이 나돌기 시작한 것은 조선 후기 현종 대를 전후로 한 시기인 듯하다. 실록에 따르면, 그전에는 이런 말이 전혀 없다가 현종 10년 1월에 당시 판부사로 있던 송시열이 단종의 시신을 수습해서 장사를 치른 것으로 알려진 엄흥도의 자손을 등용해야 한다고 임금에게 건의하면서 "노산군이 해를 입었다選害"라는 말을 했기 때문이다.

그 후 정조 대에 이긍익이 지은《연려실기술練藜室記述》등과 같은 각종 역사서적 내지 야사류에도 단종의 타살설이 기술됨으로써 이후 타살설은 거부할 수 없는 사실이 되었다.

타살설은 그 뒤 계속 이어져 내려와 일제강점기에 김진구는 단종의 타살을 다음과 같이 기술했다.

> 수양대군은 문종의 애제愛弟이며 단종의 숙부로서 왕위를 찬탈하려고 스스로 당을 결성하여 문종의 유신遺臣과 단종의 충량忠良을 모조리 도륙하고 천하에 호령했다. 그러고서도 부족함이 있었던지 단종을 영월에 귀양 보내고 다시 독살하려다가 드디어 한 공생의 손에 목을 매어 자리개질해서 죽이고 그 시체는 강에 던져서 어복魚腹에 장사했다. 천고 만대에 이러한 잔인함도 있으며 이와 같은 비절 통절의 역사가 또 어디 있겠느냐?
>
> 〈역대인물쾌사록歷代人物快死錄(1)〉《별건곤》제10호, 1927년 12월〉

이광수도《단종애사》에서 다음과 같이 단종이 죽음을 당한 것으로 묘사했다. 1928년 11월부터 1929년 12월까지 〈동아일보〉에 총 217회에 걸쳐 연재된《단종애사》는 단종이 태어나서 영월에서 사망할 때까지를 다룬 연대기적 소설로, 세종과 문종을 모시던 수구파와 세조를 옹위하던 개혁파 사이의 다툼에서 희생된 단종의 슬픈 생을 그리고 있다.

> 정축년1457 10월 24일 금부도사 왕방연이 사약을 가지고 왔으나 단종이 없어서 울고만 있는데, 유시酉時에 공생이 활줄로 단종의 목을 매어 한 많은

숨을 거두게 된다. 공생은 문을 나가다 피를 토하여 죽고, 노산군의 시체는 금강에 떠운다. 밤에 영월의 호장戸長 엄흥도가 몰래 시체를 건져 싸두었다가 관에 넣어 평토장平土葬을 하고 돌을 얹어 표를 해두었다.

이와 같이 조선 후기에 접어들면서 제기된 타살설이 정설화되면서 대부분의 역사학자나 소설가 등은 단종이 세조에 의해 죽음을 당한 것으로 보게 되었다. 이에 따라 세조와 그 신하들이 단종을 죽인 사실을 은폐하기 위해 자살설을 퍼뜨렸다는 주장이 널리 유포되기에 이르렀다.

어린 나이에 버거운 자리에 올라 가까운 사람에게 도움을 받기는커녕 권력을 둘러싼 암투에 매정하게 희생당한 단종은 실로 비운의 임금이었다. 어머니 현덕왕후가 단종을 낳은 지 이틀 만에 세상을 떠나고, 아버지마저 돌아가신 뒤 호시탐탐 자신을 노리는 어른들에 둘러싸인 채 끝내 비참한 죽음을 당한 십대 소년의 외로움과 두려움이 얼마나 컸을까. 다만 그 억울한 죽음을 둘러싼 진실이 늦게나마 밝혀진 것으로 역사는 위안을 삼아야 하리라.

조선시대판 쇼생크 탈출

팀 로빈슨과 모건 프리먼 주연의 1994년작 〈쇼생크 탈출〉은 종신형을
선고받은 죄수가 교도소에서 극적으로 탈출에 성공한다는 이야기로 한
인간의 자유를 향한 열망과 끈질긴 집념을 잘 표현한 영화다. 영화에서
살인 누명을 쓰고 종신형을 선고받아 쇼생크 교도소에 갇힌 앤디팀 로빈슨
는 15센티미터 길이의 돌망치로 20여 년에 걸쳐 수용실 벽을 야금야금
뚫어 긴 터널을 만들고 마침내 탈옥에 성공한다.

이 영화처럼 성공한 탈출담은 아니지만 조선시대에는 귀양지에서 실
제로 땅을 파서 탈출을 시도한 사건이 있었다. 게다가 탈출을 시도한 인
물은 다름 아닌 왕세자로, 인조반정으로 세자의 지위를 박탈당하고 강
화도에 위리안치된 광해군의 세자 이지가 그 주인공이다. 위리안치란 죄

인이 귀양지에서 달아나지 못하도록 집 둘레에 가시로 울타리를 치고 그 안에 가두던 형벌이다.

조선시대에는 세자로 책봉되었다가 정치적 이유 등으로 세자의 자리에서 쫓겨나 폐세자로 떨어진 비운의 인물이 여러 명 있었다. 첫 번째 폐세자는 태조의 제8왕자인 의안대군 이방석이다. 그는 태조 1년1392에 10세의 어린 나이에 정도전 등의 강력한 주장에 따라 세자로 책봉되었다. 그러나 태조 7년1398에 이복형인 이방원이 일으킨 제1차 왕자의 난으로 폐위되어 귀양 가던 도중 살해되었다.

그다음에 폐위된 세자는 태종의 세자인 양녕대군 이제다. 그는 태종 4년1404 세자로 책봉되었다가 학문에 게으르고 무절제하다는 이유로 아버지의 미움을 받아 태종 18년1418에 동생 충녕대군뒤의 세종에게 세자의 자리를 물려주어야 했다. 폐세자가 된 후 그는 풍류를 즐기며 여생을 보냈다.

또 한 명의 비운의 세자는 중종반정으로 밀려난 연산군의 아들 이황이다. 그는 1506년 중종반정 직후 세자의 지위를 박탈당하고 강원도 정선에 안치되었다가 곧 사약을 받았다.

뒤주에서 죽은 일로 잘 알려진 장헌세자사도세자도 세자의 자리에서 쫓겨난 인물이다. 그는 태어난 지 1년 만인 영조 12년1736에 세자로 책봉되었으나 당쟁의 불똥을 맞아 폐세자가 되어야 했다. 영조 38년1762에 그를 싫어한 노론 일파들이 세자의 실덕과 비행을 고자질하자 영조가 크게 노해 그에게 자결을 명했다. 그러나 그가 자결하지 않자 서인으로 폐하고 뒤주 속에 가두어 8일 만에 숨지게 했다.

세자의 자리에서 밀려난 인물들 가운데 자결을 한 유일한 사람은 광해군의 세자 이지다. 그는 선조 31년1598에 태어나 광해군 2년1610에 관례를 거행하고 세자로 책봉되었다가 26세로 죽음을 맞았다.

그가 폐세자가 된 것은 인조반정 때문이었다. 인조반정은 광해군 15년 1623에 이서, 이귀, 김류 등의 서인 일파가 광해군 및 집권당인 대북파를 몰아내고 능양군뒤의 인조 이종을 왕으로 세운 정변이다.

선조의 뒤를 이은 광해군은 내정과 외교에서 탁월한 정치적 역량을 발휘했다. 국내적으로는 왜란으로 파괴된 사고史庫 정비, 서적 간행, 대동법 시행, 군적 정비를 위한 호패법 실시 등 많은 치적을 남겼다. 대외적으로는 만주에서 크게 성장한 후금의 존재를 인정하고 명과 후금 사이에서 중립적 외교정책을 수행해 국제적인 전쟁에 휘말리는 것을 피했다.

그러나 광해군은 왕권을 위협할 요소를 제거하기 위해 동복형인 임해군과 이복동생인 영창대군을 살해했으며, 계모인 인목대비의 호를 삭탈하고 경운궁서궁에 유폐했다. 이러한 행위는 성리학적 윤리관에서 볼 때 패륜으로 여겨졌고, 명을 배반하고 후금과 평화 관계를 유지한 것도 명분과 의리를 중시하던 당시 사림들에게는 큰 불만이었다.

그리하여 광해군이 즉위할 때부터 권력을 잃었던 서인 세력들이 이러한 선비들의 불만을 이용해 정변을 계획했다. 1620년부터 이서, 신경진이 먼저 반정 계획을 세운 후에 구굉, 구인후 등을 끌어들이고, 이어 김류, 이귀, 최명길 등의 문신과 연계해 능양군을 왕으로 추대하면서 1623년 3월 12일을 거사일로 정하고 모든 계획을 진행했다.

이 계획은 거사 직전에 이이반에 의해 누설되었지만 광해군이 후궁과 연회를 즐기느라 신속하게 대응하지 못함으로써 예정대로 추진되었다. 능양군은 직접 군사를 이끌고 나아가 이서가 경기도 장단에서 인솔해 온 군사 700여 명과 연서역에서 합류한 후, 김류를 대장으로 삼아 홍제원에 집결한 이귀, 최명길, 심기원, 김자점 등 600~700여 명의 군사,

그리고 이천에서 온 이중로의 군사 등과 함께 창의문으로 진군하여 성문을 격파했다.

창덕궁에 이른 그들은 미리 포섭해둔 훈련대장 이흥립의 도움으로 대궐을 쉽게 점령했다. 반정 세력은 서궁에 유폐된 인목대비의 호를 회복시킨 후 그 권위를 빌려 광해군과 세자를 폐출하고 선조의 손자인 능양군을 왕으로 추대했다.

한편 반정군이 대궐에 진입하자 광해군은 대궐 뒷문으로 달아나 의관醫官 안국신의 집으로 도망쳤지만 안국신이 이를 알려 붙잡혀 왔고, 세자도 도망쳐 숨었다가 군사들에게 체포되었다. 또한 대북파의 우두머리인 이이첨, 정인홍 등은 물론 북인으로서 광해군 말기까지 정치에 관여한 수십 명이 처형당하고 200여 명이 유배되었다. 반면 반정에 참여한 인물들은 53명이 정사공신靖社功臣으로 책봉되었다.

인조반정 후 광해군의 후궁들과 궁녀들도 처형되거나 자살하는 등 많은 화를 입었다. 반정이 일어난 날 소용 정씨는 자살했고 그다음 날 숙의 윤씨는 문밖에서 죽임을 당했으며 숙의 정씨는 집에서 자살했다. 또 숙의 홍씨, 허씨, 권씨, 원씨는 모두 중도부처되었고 그 외의 많은 궁인이 죽거나 유배되었다.

반정이 성공한 직후 광해군과 폐비 류씨, 폐세자와 폐빈 박씨는 모두 강화도에 위리안치되었다. 이들을 강화도에 유폐시킨 것은 그곳이 감시하기 쉬운 지형을 갖추고 있었기 때문이다. 그렇지만 반정 세력은 이들 네 사람을 한곳에 두지 않고, 광해군과 류씨는 강화부의 동쪽에, 폐세자와 폐빈은 서쪽에 따로 안치했다.

폐세자는 위리안치된 지 두 달 후인 5월에 땅굴을 70여 척이나 파서 울타리 밖으로 통로를 낸 뒤 밤중에 빠져나가려고 시도했다. 1척은 대략

30센티미터니 무려 21미터나 땅굴을 판 것이다. 그러나 그는 얼마 가지 못해 나졸에게 붙잡히고 말았다. 붙잡힌 세자는 은 덩어리와 쌀밥, 그리고 황해도 관찰사에게 보내는 편지를 가지고 있었다고 한다.

폐세자가 탈출을 시도했다는 사실을 강화 부사 이중로가 보고하자, 조정에서는 즉시 그를 감시하던 별장 권채와 중사中使 박홍수 및 그가 데리고 있던 나인 막덕 등을 잡아들여 국문했다.

막덕의 진술에 따르면, 폐세자는 처음 위리안치되었을 때 폐빈과 함께 죽기로 약속하고 미리 멱목幎目(염할 때 시체의 얼굴을 싸매는 헝겊)과 악수幄手(시체의 손을 싸는 헝겊)를 만들어놓고 보름이 넘도록 물 한 모금 입에 대지 않은 적도 있었다고 한다. 어느 날 폐세자가 폐빈과 함께 목을 맨 것을 여종이 바로 풀어주어 구한 적도 있었다.

그런데 그전에 서울에서 보낸 가위와 인두를 보고는 폐세자가 굴을 뚫겠다는 생각을 하게 되었다. 그는 직접 땅을 파서 폐빈에게 자루에 흙을 담게 하고는 방 안에 옮겨두었는데, 시작한 지 26일 만에야 일을 끝냈다. 그러고는 바로 도망쳐 나와 마니산으로 가려다가 가야산으로 방향을 돌렸다고 한다.

폐세자와 같이 있던 여종 향이를 국문했을 때도 막덕과 비슷한 진술이 나왔다. 권채와 박홍수 등은 마음을 다해 철저히 지켰지만, 울타리 안에서 굴을 뚫어 탈출하다니 정말 뜻밖의 일이라고 했다.

그때 광해군의 처남이면서 대북파의 영수인 유희분의 집종인 이말질수라는 자의 종적이 의심스럽다는 소식을 듣고 포도청에서 조사에 들어갔다. 그를 잡아다 국문하자, "일찍이 권채와는 도감都監의 장졸로 같이 있었기 때문에 친분이 있었습니다. 그런데 지난번에 그가 노비를 보내 전언하기를 '폐세자가 장차 굴을 뚫고 탈출하여 배를 타고 도주하려 한다. 부디 두모포의 뱃사람 가팔리라는 자에게 일러 배를 가지고 갑곶 나루로 내려오게 해주기 바란다' 했습니다. 그의 말대로 우선 배를 예약해 놓고 권채가 있는 곳에 갔더니, '배가 도착할 때까지 기다리다가 폐세자와 함께 배를 타고 도주하려 한다' 했습니다"라고 털어놓았다.

권채는 처음에 이말질수를 모른다고 잡아뗐으나 대질하자 굴복했다. 그리하여 탈출을 공모한 권채와 이말질수는 형장에서 곤장을 맞다가 죽었으며, 막덕과 향이는 곤장을 맞고 관청의 노비가 되었다. 황해도 관찰사 이명은 폐세자가 가지고 있던 서찰의 겉봉에 '황해 순영監營 서간'이라고 적힌 관계로 체포되었으나, 그 편지는 거짓 칭탁한 것으로 그와는 관계가 없는 것으로 밝혀져 관작을 삭탈당하는 처벌만 받았다.

반면에 탈출하는 폐세자를 붙잡아 보고한 정병正兵 최득룡은 통정대부로 승진하고 충순위 김준남은 금천 현감 직에 제수되었는데, 이들은 그 밖에도 평생 호역戶役을 면제해주는 포상을 받았다.

폐세자의 탈출 기도를 보고받은 직후 인조는, 정황을 살펴보건대 안과 밖에서 서로 일을 꾸민 것이 분명하니 그 계책이 흉측하고 참혹하다면서 이를 다스릴 좋은 방안을 고민하라고 신하들에게 하교했다.

그러자 대신들은 "안과 밖에서 서로 일을 꾸민 점에 대해서는 과연 성상께서 언급하신 것과 같은 점이 있습니다. 최근 도성 안에 유언비어가 날로 생겨나는데, 어떤 이들은 '역적 집안의 노복들이 아직까지 소속되지 못해 모두 배반할 생각을 품고 이런 일을 빚어냈다'고 합니다. 해당 원院에서 속히 이 일을 처리하게 하소서. 광해군의 외척이나 가까운 친족 가운데 도성 안에 있거나 가까운 지방에 유배된 자들은 먼 변방으로 보내야 합니다. 박승종의 서자 셋이 현재 서울 안에 있으니 먼저 붙잡아 가두고, 기타 근도에 있는 역적의 족속들은 모두 조사하여 유배지를 옮

김으로써 밖에서 호응하는 음모의 씨앗을 근절해야 합니다. 그리고 도감의 대장에게 영을 내려 더욱 엄하게 궁궐을 호위하게 하십시오"라 하여 윤허를 받았다. 이처럼 반정공신들은 광해군을 추종하는 이른바 반혁명 분자들이 준동하고 있으니 그것을 차단하기 위해 그들을 모두 먼 변경으로 쫓아버려야 한다고 건의했다.

그러고 나서 며칠 후 신하들이 일제히 폐세자의 처형을 주장하고 나섰다. 즉 "전하께서는 이지에 대해 정말 지극하다 할 만큼 곡진하게 살리고 너그러이 용서하는 은전을 내리셨습니다. 그런데도 감히 땅을 파고 탈출했으며, 심지어는 '호걸의 일을 행하겠다'라며 부윤府尹과 장수 들이 모인 자리에서 아무 거리낌 없이 발언하기까지 했으니, 그 마음을 살펴보면 불측한 점이 있습니다. 따라서 그에게는 반드시 시행할 법은 있지만 베풀어 살려줄 은전은 없습니다. 이렇게 위태로운 때를 당하여 차마 못 하는 구구한 생각 때문에 종묘사직의 대계大計를 그르치는 일을 결코 해서는 안 됩니다. 삼가 원컨대 성상께서는 의심을 품지 말고 속히 결단을 내리시어 여망에 부응하십시오"라 했다.

이때는 임금이 허락하지 않았으나, 그 후 대간들이 또다시 처형을 주청하자 비로소 윤허했다. 그런 다음 폐세자가 자진하게 하기로 결정하고, 6월 25일에 의금부 도사 이유형을 강화도로 보내 폐세자에게 자진을 명하는 임금의 전지傳旨를 전했다.

이에 폐세자는 "일찍이 자결할 줄 몰랐던 것은 아니었지만 지금까지 구차하게 살아 있었던 것은 부모의 안부를 알고 나서 조용히 처리하기 위해서였다. 지난번 땅굴을 파고 탈출하려 했던 것도 이 때문이었다. 어찌 다른 뜻이 있었겠는가"라고 말한 다음, 바로 방으로 들어가서 몸을 씻고 머리를 빗은 후에 관과 신발을 갖추었다. 이어 칼을 찾아 손톱과 발톱을 깎으려 했지만 이유형이 허락하지 않자 "죽은 뒤에 깎아주면 좋겠다"라 하고는 곧장 일어나서 마루로 나왔다.

그러고 나서 웃으며 말하기를, "지금껏 죽지 않은 것은 앞에서 말한 것과 같다. 또 옛사람이 죽음에 임하여 황천皇天(하늘의 신), 후토后土(땅의 신)에 고한 경우가 많다"라면서 그대로 자리를 펴고 촛불을 밝게 한 뒤에 북쪽을 향해 절했으며, 또 자신의 부모가 있는 곳을 물어서 서쪽을 향해 절했다. 절을 마치고 일어나서는 "문천상이 8년간 억울한 옥살이를 할 적에 어떤 이가 죽지 않는다고 꾸짖었는데, 어찌 그의 마음을 알았겠는가. 그가 죽은 뒤에 뒷사람이 시를 지어 말하기를 '원나라가 문 승상을 죽이지 않아 임금의 의리, 신하의 충성 둘 다 이뤘네' 했다"라고 말했다. 문천상은 남송 최후의 재상으로 중국에서 충절의 상징으로 여겨지는 인물이다.

그러고서 폐세자는 다시 방으로 들어가 세조대世條帶(명주실로 짠 가느다란 비단 띠)로 목을 매어 스스로 당겼으나 세조대가 끊어지자, 다시 한 번 숙주熟紬(도포 등 남자의 겉옷 위에 매던 가는 띠)로 목을 매어 죽었다. 이리하여 광해군의 세자는 자살로 짧은 생을 마감하고 말았다.

이유형이 그의 죽음을 보고하자 인조는 예장禮葬 등의 일을 폐빈의 예에 따라 거행하라고 하교했고, 폐세자의 시신은 양주楊州(의정부) 수락산 옥류동에 묻혔다. 그의 죽음에 대해 뒷날의 사관은, 폐세자가 땅굴을 파고 도망치려 한 것은 죽음을 자초한 일이었다고 비난했다.

폐빈 박씨도 폐세자가 탈출에 실패하자 자결을 했다. 폐세자가 도망치지 못하고 다시 잡혀 온 지 사흘 만에 목을 맨 것이다. 이에 인조는 호조에서 옷과 이불을 보내 염습하고 여염집으로 옮겨 빈소를 차리게 했다.

이렇게 해서 장성한 아들과 며느리를 잃은 광해군은 1년 반쯤 뒤에 아내 류씨와도 사별하게 된다. 폐비 문성군부인 류씨는 유배 생활이 시작되면서 현실에 적응하지 못해 화병을 얻고 말았다. 결국 폐비는 유배 생활 약 1년 7개월 만인 1624년 10월에 세상을 떠났다. 아들과 며느리, 그리고 아내마저 죽자 광해군의 가족은 박씨 일가로 시집간 옹주 한 사람밖에 남지 않게 되었다.

그렇지만 광해군은 초연한 자세로 유배 생활에 적응해 그 후로도 18년을 넘게 삶을 이어갔다. 그는 강화도 교동에서 다시 제주도로 옮아져 인조 19년1641에 67세로 죽었다. 느닷없는 정변으로 권력과 가족을 잃은 임금의 쓸쓸한 뒷모습이 가슴을 찐하게 한다. 세자와 세자빈의 자결은 그의 마음을 더욱 아프게 했으리라.

인조반정으로 자살한 폐세자의 장인

　　앞서 살펴보았듯 폐빈 박씨는 폐세자의 탈출 기도가 실패한 뒤 유배지에서 목숨을 끊었는데, 이 인조반정으로 폐빈의 조부와 부모도 모두 자살하는 비극이 일어났다. 인조반정이 일어나고 이틀 후에 폐세자의 장인인 박자홍과 그의 아버지인 박승종이 경기도 광주의 한 산사에서 함께 자살했으며, 박자홍의 아내도 뒤에 자살했다.

　　당시 박승종은 체찰사 자리에 있었고 박자홍은 경기도 관찰사였는데 반정이 일어난 날 두 사람은 집안의 사내종 몇 명을 데리고 수구문^{광희문}으로 나가 양주로 가서 군사를 일으키려고 했다. 이를 위해 박자홍은 군사를 모으는 격문을 써서 경기 도내에 전달했다.

　　이때 박승종의 집안 어른인 박안례가 양주 군수로 있었는데, 인조가 사신을 보내 잡아 오게 했다. 박안례는 잡혀가기 전에 길에서 박승종과 만나, 인조가 거사하여 조정이 이미 안정되었다는 말을 전했다. 그러자 박승종은 편지를 써서 박안례에게 주어 조정에 전하게 했다. 그 편지에서 박승종은 "내가 임금을 바른말로 간하지 못해 오늘의 사태가 일어나게 되었다. 다급한 상황에 이미 성을 나왔는데 다시 들어가려고 한다면 여러 군사에게 살해되어 명분이 뚜렷하지 않은 죽음이 될까 염려되므로 못에 빠져 죽어 천지신명과 사람들에게 사죄하려 한다"라고 했다.

또 영광 군수인 아들 박자응에게 보내는 편지에서 그는 "우리 가문이 불행하게도 왕실과 혼인을 하여 부자가 머리를 맞대고 죽게 되었으니 참으로 슬픈 일이다. 너는 이위경인목대비를 시해하려 한 인물과 서로 논쟁을 한 일이 있고, 처음부터 조정의 큰 의논에 참여하지 않았으니 조정이 필시 너를 죽이지는 않을 것이다. 따라서 자살하지 말고 선조의 제사를 지켜라" 하고 당부했다. 그러고서 광주의 선산에 가서 참배하고 승방僧房에 들어가서 아들 박자흥과 함께 술에 독약을 타서 마시고 죽었다.

그런데 박승종이 구사일생으로 살아날 기회가 한 번 있었다. 반정이 일어난 직후 공신인 김류와 이귀가 박승종을 구하려고 인조에게 청원을 했는데, 이것이 받아들여졌다면 박승종은 죽지 않았을지 모른다. 그때 김류 등은 임금에게 "박승종과 유희분은 광해의 인척으로 거리낌 없이 탐욕 방자하여 그 죄가 실로 큽니다. 그러나 이이첨과 비교하면 차이가 있습니다. 이이첨 등이 폐모를 주장할 때 박승종은 바로잡으려고 힘썼으며, 계축옥사 때도 이이첨이 '삼청동 결의김류의 집이 있는 삼청동에서 인목대비를 비호하기로 한 약속'라는 말로 선한 무리를 일망타진할 계책을 꾸며 그 화가 예측할 수 없었는데 박승종이 은밀히 아뢰어 저지했으니, 그 공로를 생각하지 않을 수 없습니다"라고 했다. 즉 박승종이 인목대비 폐모론에 반대했고, 이이첨 등 대북파가 반대파를 제거하기 위해 광해군 5년에 일으킨 계축옥사를 저지한 공이 있으니 살려주어야 한다는 청이었다. 그러나 임금은 "신하가 되어 불충한 것은 그 죄가 모두 균등하다"라고 하여 청원을 받아들이지 않았다.

당시에 사람들은 끝없이 재물을 탐하고 권력 쟁취에 몰두한다고 해서 박승종을 '삼창三昌'의 한 사람으로 지목했다. '삼창'은 광해군 대의 공신이자 권신인 광창부원군 이이첨, 문창부원군 유희분, 밀창부원군 박승종을 가리킨다. 세 사람의 권세가 서로 비등했고 봉호封號(군을 봉한 이름)에 똑같이 창昌이 들어갔기 때문에 '삼창'이라 불렀다.

박승종은 선조 19년1586 별시 문과에 급제한 후 재간과 기량이 뛰어나 부임하는 곳마다 직책을 잘 수행했다. 병조판서로 있을 때는 장사將士들의 인심을 샀다. 유영경과 결탁해 오랫동안 요직에 있었는데, 광해군 대에 이르러 손녀가 세자의 빈이 됨으로써 권세가 더욱 성해졌다. 광해군 10년1618 우의정에 이어 좌의정이 되었으며, 이듬해 영의정에 올랐다. 그러나 만년에는 광해군이 패망할 것을 알고 늘 주머니에 독약을 넣고 다니면서 변을 당하면 자살할 작정을 한 것으로 알려지고 있다.

그에게 비판적이었던 뒷날의 사관은 그가 7년 동안 정승으로 있으면서 아첨으로 총애를 굳히며 오직 탐욕만 부려 논밭이며 집을 널리 점유했다고 비난했다. 또한 가정생활에서는 어버이를 섬김에 예도가 없고 상중에도 언행을 삼가지 않아 유교에 득죄했으니 그의 됨됨이를 알 만하다고 했다. 다만 난관에 임해 동요하지 않고 죽음에 있어 처신을 명백히 한 것이 다소 볼만한 점이라고 긍정적인 평을 덧붙이기도 했다.

박승종의 아들 박자흥은 광해군 2년1610 별시 문과에 급제하여 세자시강원 설서說書가 되었다. 1611년에 딸이 세자빈으로 책봉되자 벼슬이

정6품인 성균관 전적으로 올랐다. 그 뒤 사간원 정언, 이조 정랑, 홍문관 부제학, 형조 참판 등을 지냈다.

박자홍은 성품이 사납고 드셌는데, 권신 이이첨의 사위였지만 이이첨의 간교함을 미워해서 반목하며 가까이 하지 않았다고 한다. 인목대비 폐위 때는 형조 참판으로 폐비절목廢妃節目을 정하는 등 앞장섰다. 이어 딸이 세자빈이 되자 권세를 빙자해 기세를 부리고 재산을 늘려 사치스러운 생활을 하니 사람들이 모두 비난했다고 한다.

박승종 부자가 자결한 후 반정공신들은 그들의 관작을 박탈하고 재산을 몰수하는 조처를 취했다. 그러나 인조반정 직후부터 박승종을 비호하며 조정의 이러한 조처에 반발하는 움직임이 있었다. 그 대표적인 인물은 사간원 정언 홍호인데, 그는 인조 2년에 박승종의 재산을 반환해줄 것을 다음과 같이 요청했다.

신은 박승종의 재산을 몰수한 것이 무슨 죄 때문인지 모르겠습니다. 그저 그의 탐욕 때문이었다면 어찌 죽음으로 탐욕을 속죄하기에 부족하다 하겠습니까. 광해가 망할 때 광해를 위해 죽은 자가 누구입니까. 단지 박승종 한 사람이 있었을 뿐입니다. 사람이 자신의 목숨을 끊는 일에도 높낮이가 같지 않아서 세 등급이 있습니다. 가장 위의 단계는 성인成仁하여 의리를 취하는 것인데, 이는 천하의 의리에 대해 실제로 옳고 그른 것을 터득한 바탕 위에서 이루어지니, 본디 감히 의논할 수 없습니다. 그다음은 강개하여 자신의 몸을 버리는 경우이고, 또 그다음은 반드시 면할 수 없는 형세라는 것을 알고서 자결하는 경우입니다. 승종의 죽음은 반드시 면할 수 없는 형세임을 알고 행한 것에 가깝습니다. 그러나 그가 죽음에 임박하여 말하기를 '대신의 신분으로서 바르게 임금을 인도하지 못하여 오늘에 이르렀다'고

한 것을 보면, 조용히 처리하려는 뜻이 있을뿐더러 허물을 살펴 뉘우치고 깨달은 단서가 엿보이니, 또한 슬프지 않습니까. 따라서 반정한 처음에 포상하는 은전을 입었어야 마땅한데 어찌 재산을 몰수하라는 명이 있을 줄이야 생각이나 했겠습니까. 전하께서 신의 말을 특별히 조금 더 생각해주신다면 신의 뜻을 아실 수 있을 것입니다. 삼가 바라건대, 사람이 형편없다 하여 그 말까지 버리지 마시고, 대신에게 의논하고 연신延臣에게 물으시어 단연코 돌려주게 하소서. 그러면 천만다행이겠습니다.

《인조실록》 권6, 2년 7월 경신

이처럼 홍호는 박승종에게 포상은 못 할망정 재산을 몰수하는 것은 부당하다면서 재산을 돌려줄 것을 청했다. 그의 청은 당시에는 받아들여지지 않았지만, 이를 통해 인조반정이 일어난 후 광해조의 다른 권신들이 대부분 격하게 비난받은 것과 달리 박승종의 자결은 긍정적으로 평가하는 분위기가 나타났음을 알 수 있다.

그 뒤 정조 대에 박승종의 6대손인 박기복 등이 박승종 부자의 관작을 회복시켜주기를 청원했다. 그러나 관작 회복은 그 후로도 한참 뒤인 철종 8년1857에야 비로소 이루어져, 박승종에게는 숙민肅愍, 박자흥에게는 문장文莊이라는 시호가 내렸다.

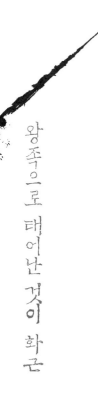

왕족으로 태어난 것이 화근

인성군 이공은 선조의 일곱째 아들로, 어머니는 정빈 민씨다. 그는 어려서부터 매우 총명하여 선조에게 많은 사랑을 받았으며 장성해서는 사옹원과 종부시의 도제조 등을 역임했다.

인조반정이 일어나자 인조는 그를 숙부의 예로써 대우했으나, 인조 2년1624에 이괄의 난이 일어나고 그때 잡혀 들어온 자들이 모두 그에게 혐의를 뒤집어씌웠기에 임금도 할 수 없이 강원도 간성으로 귀양을 보냈다. 그 뒤 원주로 옮겼다가 어머니 민씨의 병이 위독해지자 관대한 처분을 받고 돌아왔다.

그러나 인조 5년1627 유효립 등이 대북파의 잔당을 규합하여 모반을 기도했는데, 이때 이공이 왕으로 추대되었다 하여 역적의 우두머리로 지목되어 다시 진도에 유배되었다가 자결을 강요받고 죽었다.

모반 사건이 적발되자 대신과 삼사가 그를 법에 따라 다스릴 것을 청했으나, 처음에는 임금이 윤허하지 않았다. 그러자 대간이 하루에 일곱 차례 아뢰고 홍문관에서 다섯 차례 상소를 올리는가 하면, 대신들도 백관을 거느리고 그를 죽여야 한다고 강하게 요구했다. 즉 "왕의 법은 역적의 죄를 엄하게 다스리는 것이 최우선으로, 대의가 있을 때 사사로운 은혜는 돌아볼 겨를이 없습니다. 성상의 마음이 차마 죽이지 못하는 마음에서 나온 것이기는 하나 여러 사람이 모두 법의 시행을 급하게 여기는 것은, 대개 온 천하에 강상綱常을 뿌리내리고 만고에 이륜彝倫(사람이 지켜야 할 떳떳한 도리)을 드날리고자 해서입니다. 바라건대 전하께서는 굳건한 군덕으로 결단을 내리시어 속히 왕법으로 처리하시기 바랍니다"라면서 인조의 결단을 촉구했다.

이에 인조는, "어리석은 내가 왕위에 오른 이래로 국운이 불행하여 역변이 여러 차례 일어났다. 역적들의 진술 가운데 매번 이공의 이름을 거론하는데도 내가 위로 선왕을 생각하고 아래로 지극한 정으로 용서하여 비호한 것이 한두 번이 아니었다. 그러나 지금은 일이 전날과는 크게 달라져 서로 호응한 자취가 분명하게 드러난 듯하다. 몇 개월 사이에 큰 옥사가 계속해서 일어나 전후로 내린 자전慈殿의 전교가 매우 엄했으며, 모든 벼슬아치의 업무를 폐한 지 반년이 다 되어간다. 이에 내가 종사를 위해 부득이 공론을 따라 그를 자결하게 한다. 골육 간에 서로 용납하지 못하는 것을 내가 항상 통탄했는데, 오늘날 차마 이런 일을 하게 될 줄은 생각도 못 했다. 이것이 어찌 나의 본마음이겠는가. 비통하고 애통하여 곧장 죽고 싶을 뿐이다"라면서 이공을 자결하게 하는 데 동의했다. 이처럼 인조는 신하들의 파상적인 공세에 밀려 결국 그를 자결하게 한 것이다.

이에 따라 이공은 이듬해 5월에 자결했는데, 임금은 그가 죽었다는 소식을 듣고 특별히 예장禮葬을 하라고 명했다. 그러자 승정원에서 "이공은 본인이 역적의 괴수가 되었으니, 스스로 하늘의 주벌誅伐을 부른 것입니다. 성상께서 너그럽게 용서하여 그를 자결하게 했으나 단연코 예장할 수는 없습니다. 대의가 분명한데 어찌 한때의 사랑하는 은혜 때문에 만세의 상법常法을 무너뜨릴 수 있겠습니까"라며 예장을 반대하고 나왔다. 그러나 임금은 "죄를 지은 것은 중하나 선왕의 자식이니 예장하는 것이 불가한 일은 아니다"라고 하여 뜻을 굽히지 않았다.

이렇게 이공은 왕으로 추대되었다가 자결했는데, 광해군 7년1615에도 인조의 동생인 능창군 이전이 왕으로 추대되었다는 무고를 받고 자결한 일이 있었다. 능창군은 선조의 다섯째 아들인 정원군뒤에 원종으로 추존됨의 셋째 아들이었다. 그는 임진왜란 때 죽은 선조의 넷째 아들 신성군의 양자로 들어갔는데, 어릴 적부터 총명하고 기상이 비범하여 광해군과 대북파의 견제를 받았다.

그러던 중 소명국이란 자가 능창군이 수안 군수 신경희의 추대를 받아 왕이 되려 한다고 무고했다. 이에 따라 이른바 신경희의 옥사가 일어나 능창군은 역모로 몰려 강화도 교동에 위리안치되어 갖은 고초를 당했다. 이후 살해당할 위험에 처하자 결국 스스로 목을 매어 자결했다. 그가 죽자 온 나라 사람들이 원통해했다고 한다. 이 사건으로 신경희는 죽음을 당하고 연루된 여러 사람이 유배되었다. 능창군은 인조 대에 능창대군으로 추봉되었다.

영조 때도 왕으로 추대되었다가 죽음에 이른 종친이 나타났으니, 밀풍군 이탄이 그런 인물이다. 이탄은 인조의 장남인 소현세자의 증손으로, 이인좌의 난 때 왕으로 추대되었다는 사실이 밝혀져 자진 명령을 받고 죽었다. 영조의 즉위로 소론이 배척을 받자 영조 4년1728 이인좌, 정희량 등 소론 과격파가 갑술환국 이후 정계에서 물러난 남인들과 공모하여 무신란을 일으켰다. 무신란은 결국 서인과 남인의 일부 세력이 영조와 노론을 제거하고 정권을 탈환하기 위해 일으킨 반란 사건으로, 무신년에 발생해 무신란이라 하며 이인좌가 거병해 '이인좌의 난'이라고도 한다.

1724년 경종이 죽고 영조가 즉위하여 소론 김일경 등이 제거되면서 노론 정권이 성립하자 김일경파의 박필현, 이유익 등은 비밀 조직을 결성하기 시작했다. 궁중에서는 이하, 민관효 등이, 지방에서는 정세윤, 정준유, 민원보, 민백효 등이, 그리고 평안 병사 이사성과 중군 별장 남태징이 가담했다. 이들은 거의 모두 이름난 집안의 후예이지만 현실적으로 정치에 참여할 수 없었기 때문에 영조와 노론을 제거함으로써 정치에 진출하고자 했다.

이들은 영조는 숙종의 친아들이 아니며 경종을 독살했다는 등의 이유를 들어 영조의 왕위 계승 부당성을 선전하며 명분을 확보했다. 이에 따라 밀풍군을 추대하기로 하고, 정변의 기본 전략을 지방에서 먼저 일으키면 서울에서 이에 내응하는 것으로 확정했다.

1728년 3월 초에 이인좌를 대원수로 한 반란군은 경기도 안성에서 군사를 일으켜 3월 15일에 충청 병사 이봉상, 영장 남연년 등을 죽이고 청주성을 함락했다. 그런데 이때 영남병과 호남병의 합세가 제대로 이루어지지 않았다. 영남에서는 이인좌의 동생 이웅보가 3월 20일에 안음, 거창, 합천, 함양을 점거했으나, 안동과 상주 진입에 실패하고 결국은 관군에게 패했다. 호남에서는 박필몽과 박필현이 각각 병사를 모으려 했으나 뜻대로 되지 않아 관군에게 잡혀 처형당했다.

그럼에도 반란군은 도성을 향해 진천을 지나 안성, 죽산으로 진격했다. 그러나 3월 24일에 관군에게 격파되어 이인좌, 권서봉, 목함경이 잡혔으며, 청주에 남아 있던 반군 세력인 신천영과 이기좌는 창의사倡義使(나라에 큰 난리가 일어났을 때 의병을 일으킨 사람에게 주던 임시 벼슬) 박민웅에게 체포되었다. 이 소식은 영호남 지방에도 알려져 잔존했던 반군 세력은 소멸되고 반란은 실패로 끝나고 말았다.

　무신란이 평정된 후 임금은 종친인 이탄을 차마 사형에 처할 수는 없어 "공족公族에게 법을 시행할 때는 마땅히 신중하게 살펴야 한다"라거나 "자진하는 것 외에는 다른 법률이 없다"라면서 자진하게 하려 했지만, 중신들은 그를 극형에 처해야 한다고 강력하게 주장했다.

　당시에 우의정 이태좌는 "그는 왕실의 친족으로서 자신을 왕으로 추대한다는 말을 들었으면 마땅히 신속하게 와서 고해야 할 터인데 잠자코 답하지 않았으니, 이 한 가지 일은 실로 만 번 주륙하기에 합당합니다"라고 주장했다. 그러나 임금은 "경 등은 다만 그 자취를 볼 뿐이지만, 나는 정상을 참작해 용서한다. 만약 그 정상이 용서할 만함을 명백히 알고서도 그 자취만을 보아 억지로 법을 집행한다면 이를 사책史册에 썼을 때 후세에서 나를 어떠한 군주라 하겠는가?"라고 반문했다. 그러면서 이탄이 자진할 때 독촉하지 말며 비록 시체를 검시하는 것이 오랜 관례라 할지라도 부관部官, 의생醫生, 부리府吏만 들어가 검시하게 하라고 명했다.

　왕족으로 태어나는 것이 복이 될 수도 있지만, 이공과 이탄처럼 때로는 커다란 화근이 될 수도 있다. 권력 주변에 머물고 있는 이들에게는 권력에 대한 끝없는 욕망과 유혹이 항상 그들 주위를 맴도는 법이다. 이것을 거부하고 안심입명하는 것이야말로 또 얼마나 어려운 일인가.

아
버
지
가
버
린
자
결
명
령

영조의 둘째 아들 장헌세자, 즉 사도세자는 영조 12년1736에 세자로 책봉되었다. 그러나 당쟁의 희생양이 되어 영조 38년1762 윤 5월에 그를 싫어한 노론의 정치적 모략에 영조가 크게 노하여 그에게 자결을 명했고, 결국 뒤주 속에서 죽었다.

사도세자의 이름은 선愃이고, 어머니는 영빈 이씨며, 부인은 영의정 홍봉한의 딸 혜경궁 홍씨다. 이복형인 효장세자가 영조 4년에 아홉 살의 나이로 요절한 뒤, 영조에게는 오랫동안 후사가 없다가 사도세자가 태어났다. 임금의 나이가 40세가 넘었으므로 그는 태어난 지 1년 만에 세자에 책봉되었다.

사도세자는 타고난 기품이 뛰어나 임금이 매우 사랑했는데, 어려서부터 영특해서 세 살 때《효경》을 읽고,《소학》의 예를 실천했다. 또한 일찍이 정치적 안목을 길러 영조 19년1743에 관례冠禮를 행하고 나서 부왕이 당론黨論을 없앨 방법을 묻자 '여러 당인을 하나로 보아 함께 기용하면 된다'고 대답해 칭찬을 받았으며, 궁관과 더불어 신임사화를 논해 의리의 근원을 분명히 가려내기도 했다.

그러나 열 살이 넘어설 무렵부터 점차 학문에 태만해졌고, 영조 25년에 대리청정, 즉 부왕 대신 정사를 돌보면서부터 질병이 생겨 천성을 잃었다고 한다. 그 뒤 병의 증세가 심해져서 병이 발작할 때는 궁중의 계집종과 환관을 죽이기도 하고, 몰래 궁궐을 빠져나가 평양을 왕래하는 등 난행과 광태를 일삼았다.

영조와 세자 사이가 나빠지고 대립 관계가 표면화되기 시작한 것은 영조 28년에 신하들이 병석의 영조에게 약을 권할 것을 종용하자 세자가 이를 거절한 뒤부터였다. 세자는 영조가 약을 물리치는 것이 자신의 허물 때문이므로 약을 권할 면목조차 없다고 했으나, 영조는 이 일로 몹시 언짢아했다.

대리청정을 하면서 세자는 환곡 정책에서 백성들의 짐을 덜어주고자 형편에 따라 이자를 덜 받거나 더 받게 하고, 가난한 백성을 괴롭히는 대동미와 군포의 방납 등도 금지했다. 또한 영조 즉위의 의리와 명분에 관련된 신임사화와 같은 중요한 정치적 문제에 대해 부왕과는 다른 의견을 내놓아 대립이 심화되었다.

이에 그를 싫어하는 노론들과 영조의 계비繼妃(임금이 다시 장가를 가서 맞은 아내) 정순왕후 김씨, 숙의 문씨 등이 영조에게 세자를 무고했고, 영조가 수시로 불러 크게 꾸짖자 세자의 병은 더욱 악화되었다. 그러다가 영조 38년에 나경언이 올린 상소를 계기로 영조의 마음은 완전히 돌아섰다. 정순왕후의 아버지인 김한구와 그 일파인 홍계희 등의 사주를 받은 나경언은 세자의 실덕과 비행을 지적한 10조목의 상소를 올렸는데, 이것을 본 영조는 크게 노해 세자를 폐하기로 결심을 굳혔다.

그러나 차마 말을 꺼내지 못했는데 갑자기 세자를 모함하는 내용의 유언비어가 궁궐 안에서부터 일어났다. 이에 임금이 창덕궁에 나아가 선원전에 참배하고, 이어서 세자와 동행하여 휘령전영조의 정비 정성왕후의 신위를 모시던 곳으로, 현재의 문정전에서 예를 행하려 했으나 세자가 병을 이유로 가지 않았다. 그러자 영조는 도승지 조영진을 파직하고 다시 세자에게 예식을 행할 것을 재촉했다. 그런 다음 휘령전으로 향하는 길에 세자궁을 지나면서 사람을 시켜 자세히 살피게 했으나 보이는 것이 없었다.

마침내 세자가 나와 임금을 맞이하고 어가를 따라 휘령전으로 향했다. 행례를 마친 영조는 세자가 뜰 가운데서 사배례를 마치기를 기다려 갑자기 손뼉을 치면서, "여러 신하들 역시 신神의 말을 들었는가? 정성왕후가 나에게 이르기를, '변란이 호흡 사이에 달려 있다' 했다"라고 말했다.

이어서 영조는 호위하던 군사들에게 궁전 문을 4, 5겹으로 굳게 막게 하고, 총관 등이 늘어서서 지키면서 궁의 담 쪽으로 칼을 뽑아 들게 했다. 또한 궁성 문을 막고 나발을 불어 군사를 모아 호위하고, 아무도 출입하지 못하게 했다.

그런 다음 영조는 세자에게 명해 땅에 엎드려 관을 벗게 하고, 바로 자결할 것을 재촉했다. 세자는 땅에 머리를 부딪쳐 자결하려 했고, 이마에서 피가 흐르기 시작했다. 영의정 신만과 좌의정 홍봉한, 판부사 정휘량, 도승지 이이장, 승지 한광조 등이 들어왔으나 미처 진언하지 못했고, 임금이 이들의 파직을 명하자 모두 물러갔다.

이때 세손뒤의 정조이 들어와 관과 포를 벗고 세자 뒤에 엎드렸다. 영조는 손자를 안아다가 시강원으로 보내면서 들어오지 못하게 잘 지키라고 명했다. 그러고는 칼을 들고 연달아 차마 들을 수 없는 전교를 내려 세자의 자결을 재촉했지만, 이에 따르려는 세자를 세자시강원의 여러 신하가 말렸다. 그러자 영조는 세자를 폐하고 서인으로 삼는다는 명을 내렸다.

이때 신만, 홍봉한, 정휘량 등이 다시 들어왔으나 감히 입을 열지 못했고, 여러 신하들도 마찬가지였다. 영조는 군사들을 시켜 세자시강원의 신하들을 내쫓게 했는데 한림 임덕제만이 굳게 엎드려서 떠나지 않았다. 그러자 영조는 "세자를 폐했는데 어찌 사관이 있겠는가?" 하고 사람을 시켜 끌어내게 했다.

세자는 두려움에 떨며 용서를 빌었지만 임금의 마음을 누그러뜨릴 수는 없었다. 결국 영조는 세자를 깊이 가두라고 명했는데, 세손이 또 황급히 들어왔다. 그러자 영조는 빈궁과 세손 및 여러 왕손을 좌의정 홍봉한의 집으로 보내라는 명을 내렸다. 이렇게 해서 뒤주 속에 갇히게 된 세자는 결국 8일 만에 숨지고 말았다.

당시 영조의 탕평책에 의해 표면상으로는 당쟁이 주춤한 듯했지만 사실상 노론과 소론의 대립은 심각한 상태였다. 즉위 과정에서 노론의 지지를 받은 영조는 즉위 후 계속해서 노론 측의 제약을 받고 있었다. 따라서 노론의 전횡에 대한 세자의 비판은 이러한 영조의 정치적 입장에 대한 도전과도 같았다. 결국 사도세자는 노론의 독주에 비판적이었다는 이유로 정치적 모략을 당하고, 이와 더불어 부왕인 영조의 미움을 받아 뒤주 속에서 죽음을 맞은 것이다. 이 사건은 이후 노론, 소론, 남인이 얽힌 시파時派와 벽파僻派의 분쟁을 야기한 계기가 되었다.

세자가 죽은 뒤 바로 사도라는 시호가 내려졌으며, 그의 아들인 정조가 즉위하자 장헌으로 추존되었다. 광무 3년1899에 다시 장조莊祖로 추

존되었다. 능은 화성에 있는 융릉으로, 헌경왕후_{혜경궁 홍씨의 추존 시호}와 합
장되었다.

태종의 외척 견제의 희생양

조선 태종 대에는 외척 세력인 민무구, 민무질 등 4형제에 관한 옥사獄事가 일어나 4형제가 모두 자진하는 사건이 일어났다. 민무구 형제의 자결은 태종 7년1407 7월에 발생한 옥사에서 비롯되었다. 이 옥사는 그보다 1년 전에 태종이 세자 양녕대군에게 왕위를 물려줄 뜻을 밝히면서 싹트기 시작했다.

태종은 재위 18년 동안 네 차례의 선위 파동을 일으켰는데, 제1차 선위 파동이 민무구 형제의 옥사를 일으키는 직접적인 원인이 되었다. 태종이 선위의 뜻을 비치자 태종의 왕비인 원경왕후 민씨의 동생 민무구 형제가 어린 세자를 통해 집권하려 했다는 혐의를 받게 되었다. 그러나 진짜 원인은 태종과 원경왕후 사이의 불화였다. 원경왕후는 남편의 즉위에 많은 역할을 했지만, 이후 태종이 후궁들만 가까이 하자 심한 투기심을 드러내 태종과 잦은 불화를 일으켰다.

이 때문에 외척 세력으로서 아버지 민제와 원경왕후의 권세를 믿고 활개를 치던 민씨 형제들은 불만을 품었고, 태종이 선위할 뜻을 비치자 세자인 양녕대군을 찾아가 불만을 토로했다. 이 일은 이후 세자의 정혼 문제로 조정이 개편되면서, 의정부와 대간에서 이들을 탄핵하게 하는 불씨가 된다.

세자의 정혼 문제는 태종 1년에 명나라에서 자국의 공주를 조선의 세자빈으로 삼을 것을 요청한 것이 계기가 되었다. 조선 조정에서는 명나라와의 관계를 위해 이를 환영하는 분위기였으나, 이후 명나라에서 별다른 말이 없자 태종 7년에 양녕대군은 김한로의 딸과 정혼을 한다. 그런데 그 직후 명나라에서 다시 정혼 이야기를 꺼내자, 조정은 세자의 혼인 사실을 숨긴 채 명나라와 혼인 관계를 맺자는 무리와 이에 반대하는 민제와 민무구 형제 등의 무리로 갈려 갈등을 빚는다.

이 일은 결국 태종이 반대 결정을 내림으로써 마무리되었지만, 이를 계기로 태종 7년 7월에 의정부와 대간이 개편되면서 민무구 형제는 위기에 처했다. 개편 직후 영의정 부사 이화 등이 선위 파동 때 보인 그들의 불충스러운 행동을 정식으로 탄핵한 것이다.

탄핵을 당한 지 며칠 후 민무구와 민무질은 황해도 연안에 안치되고, 공신녹권공신에게 내린 문서을 빼앗겼다. 이어 직첩도 빼앗기고 서인으로 강등된 채 다시 여흥에 유배되었다. 태종은 옥사가 일어난 후 민무구 형제의 죄과를 인정하는 발언을 했으나, 정비와 장인 민제, 장모 송씨의 면목을 생각해 가급적 목숨만은 보존해줄 생각이었다. 그런데 민씨 형제는 유배 중에도 대간 등의 탄핵을 가중시킬 행동을 자주 해서 상황을 악화시켰다.

민제가 죽고 한 달이 지난 1408년 10월에 민무구와 민무질의 죄를 정식으로 인정하는 교서가 반포되었는데, 그 직후 그들이 유배지에서 부랑배들과 작당한다는 소식이 들려오자 다시 민무구는 옹진진으로, 민무질은 삼척진으로 옮겨졌다.

이후 1409년에 일어난 이무의 옥과 조호의 난언亂言 사건으로 형제의 운명은 더욱 험난해진다. 이무의 옥은 민무구 형제와 절친했던 좌의정 이무가 민씨 형제의 귀양을 비난하며 그들을 비호하면서 일어난 옥사이고, 조호의 난언 사건은 조호가 귀양 간 이무를 풍채가 매우 아름다워 왕이 될 재목이라고 했다가 화를 입은 사건이다. 이무의 옥사로 민무구와 민무질은 다시 제주도에 안치되었고 이후 신하들은 일제히 그들을 처형해야 한다고 주장했다. 이에 태종이 시간을 끌자, 영의정 성석린 등은 "민무구, 민무질 등의 죄는 천지 사이에 용납할 수 없으니, 비록 하루라도 이 세상에 살아 있을 수 없습니다. 지금 4년이나 되도록 오래 끌었으니, 어느 누가 마음이 썩고 이를 갈지 않는 자가 있겠습니까? 신 등의 청이 하루 이틀이 아닙니다. 옛적에 말뱃대끈을 붙잡고 간한 자가 있었으니, 전하께서 비록 천리 길을 거둥한다 하시더라도 마땅히 따라가며 간해야 합니다. 하물며 지금 하급 관리들이 조호의 말을 듣고 원망하고 분해하며 말하기를, '적당들의 만연함이 이 지경이 되었는데, 네가 수상이 되어 왜 법을 들어 군이 청하지 못하는가?'라 합니다. 하급 관리들의 책망이 이미 이와 같으니, 노신이 만일 청을 얻지 못하면 장차 무슨 낯으로 물러가겠습니까? 신의 말을 옳지 않다 하시면 신 또한 벼슬을 사퇴하고 물러가겠습니다"라면서 민무구 형제를 죽여야 한다고 강력하게 요구했다.

그러자 임금이 "이것은 작은 일이 아닌데 어떻게 갑자기 따르겠는가?" 하니, 성석린은 "나라란 것은 한 사람의 사유물이 아닙니다. 신료의 말을 어찌 거절하고 받아들이지 않을 수 있습니까?"라 했다. 이때 시간이 이미 2경밤 9시~11시이나 되었으나 성석린 등의 신하들은 서거니 앉거니 한 채 물러가지 않고 기다렸다. 결국 임금은 더 버티지 못하고 여러 대언代言을 불러 아뢴 대로 하라고 했다.

　이에 순금사와 형조의 관리가 제주로 파견되어 민무구, 민무질에게 자진 명령을 내렸고, 민무구 형제는 이렇게 해서 제주 유배지에서 생을 마감했다.

　그리고 얼마 뒤에는 민무구와 민무질의 동생인 민무휼, 민무회마저 화를 입었다. 그들은 누이인 원경왕후를 병문안하러 입궐했다가 세자인 양녕대군에게 두 형의 억울함을 호소했는데, 이 일이 알려져 국문을 받은 뒤 먼 지방으로 중도부처되었다. 그 뒤 태종 16년1416 1월에 의정부에서 민무휼과 민무회의 죄를 엄히 다스릴 것을 주청하며 상소를 했는데, "불충한 죄는 왕법에서 주륙에 해당하는 것으로 천지에 용납할 수 없는 바입니다. 지난번에 역신 민무구와 민무질이 이미 죽었으니, 그 아우인 민무휼과 민무회는 마땅히 본보기로 삼아야 할 것인데도 일찍이 패역한 마음을 품고서 종친을 해칠 것을 꾀했고, 또 거짓말을 꾸며대어 성상의 덕에 누를 끼치고자 했으며, 그 형들이 죄도 없는데 죽었다고 하여 몰래 원망하는 마음을 품었습니다. 그 불충한 죄가 뚜렷하게 나타났으니 법대로 다스림이 마땅한데 전하께서 가벼운 형벌을 주어 지방에 물러가 살게 했으므로 신민들이 실망하지 않은 자가 없습니다. 엎드려 바라옵건대 대의로써 결단하여 법을 밝게 바로잡아서 후인들을 경계하소서. 또 민무구 등 네 명의 처자도 모두 법에 따라 다스려 신민들의 소망에 부응하십시오"라 했다.

이에 임금은 좌의정 하윤에게 "민무휼과 민무회를 내 어찌 사랑하여 보호하겠는가? 다만 어미 송씨가 연로하고 중전이 몹시 애석하게 여기기 때문이다"라고 했다. 그러자 하윤은 "이 사람들이 만약 도망쳐서 강을 건너게 해서는 안 되고, 비록 본국에 있다 하더라도 찾아서 체포하는 폐단이 있을 것입니다. 옛사람이 이르기를 '마땅히 끊어야 할 것은 즉시 끊어버리라' 했습니다"라고 대답하자 임금이 옳다고 했다.

그러고서 곧바로 의금부 도사 이맹진을 원주로, 송인산을 청주로 보내 각 고을 수령에게 "굳게 지켜 도망하지 못하게 하고, 만약 자진하고자 하거든 금하지 말라" 하는 명을 전달했다. 이맹진과 송인산은 바로 돌아와서 민무휼과 민무회가 모두 목매어 자진했다고 보고했다.

그런데 이 과정에서 실수가 있었음이 드러났다. 민무휼에게 갔던 의금부 도사 이맹진이 원주 목사 권우에게 민무휼을 잘 지키고 자진하려 하거든 금하지 말라고 전했는데, 권우가 이 말을 잘못 알아듣고 두 번이나 사람을 시켜 강제로 자진하게 하려 한 것이다. 이에 임금이 의금부에 일러 의논하게 하자, 의금부에서는 '제서유위制書有違(제서에 적힌 임금의 명령을 어긴 행위)'로 장 100대와 '지의旨意를 착오한 죄'로 장 70대에 해당한다고 아뢰었다. 그러나 임금은 권우가 태조의 원종공신의 아들이라 하여 그 직책만 파면하고 특별히 용서했다.

이렇게 해서 민무휼, 민무회 형제도 자진하고, 4형제의 처자들은 먼 지방에 안치됨으로써 여러 해 동안 끌었던 민씨 형제에 관한 옥사가 끝났다. 민제의 아들 4형제는 외척이 된 것이 화근이 되어 오히려 비참한 죽음을 맞았다. 이 사건은 태종의 왕권 강화책과 무관하지 않은데, 그렇지 않아도 정치적으로 큰 영향력을 발휘하던 장인 민제를 통해 외척 세력의 대두를 견제하던 태종에게 민무구 형제의 행동은 왕권에 대한 위협으로 느껴졌을 것이다. 왕권을 공고히 하려는 태종의 끝없는 야심 앞에 외척 세력은 커다란 걸림돌일 뿐이었으리라. 권력 앞에서는 부자간의 의리도 소용없는 법인데, 외척과의 정리가 뭐 그리 중요했겠는가.

세종의 장인

사돈의 눈 밖에 난

심온

태종의 외척 견제와 권력에 대한 집착은 임금의 자리에서 물러난 이후까지도 이어져 또 하나의 자진 사건을 낳았는데, 이번에는 태종에 이어 왕위에 오른 세종의 장인인 심온이 그 주인공이었다.

심온은 개국공신 심덕부의 아들로 고려 때 문과에 급제해 고려 조정에서 벼슬을 하다가 아버지와 함께 조선 창업에 참여했고, 태종 8년1408에 딸이 충녕대군뒤의 세종의 비뒤의 소헌왕후가 되었다. 그 후 대사헌, 판한성부사한성부 판윤의 전신, 호조와 이조 판서 등을 역임했다. 양녕대군을 대신해 충녕대군이 세자로 책봉되고 이어 세종으로 즉위하자 국구國舅로서 영의정에 올랐다.

세종 즉위년1418에 그는 사은사로서 명나라에 가게 되었는데, 이때 병조참판 강상인과 심온의 동생인 도총제 심정이 연루된 강상인의 옥사가 일어났다. 이는 태종이 병권을 친히 장악하려는 의지 때문에 일어난 사건이었다.

그해 8월 태종은 세종에게 왕위를 물려주면서 세종이 장성할 때까지 군사적인 일은 자기가 친히 결정하겠고, 중대한 결정을 내려야 할 때는 논의에 참여하겠다고 선언했다. 그에 따라 군사軍事를 관장하는 병조와 3군부 등을 자신의 휘하에 두게 함으로써 직접적인 병권 장악을 도모했다.

강상인은 상왕인 태종이 임금이 되기 전부터 그를 모시다가 태종이 즉위하자 원종공신에 책록된 인물로, 당시 태종의 신임을 배경으로 여러 군직을 거쳐 병조참판에 올라 병조판서 박습과 함께 병조의 일을 총괄하고 있었다.

그러나 강상인은 태종의 의도와 달리 병조의 일을 태종에게 보고하지 않고 세종에게만 보고했다. 이에 태종은 강상인의 행위와 병조가 정사를 자신에게 보고하지 않은 이유를 추궁했다.

그러자 대간에서는 강상인을 비롯해 병조의 관리들을 중죄로 다스리라고 요구했지만, 강상인은 원종공신이고 그동안 태종을 섬긴 노고가 있으니 이를 참작해 특별히 전리귀향田里歸鄕(죄인의 고향으로 돌려보내는 가벼운 형벌)에 처했다가, 그해 9월 공신녹권과 직첩을 몰수하는 선에서 일단락되었다. 하지만 그때 마침 영의정 심온이 왕위 교체 사실을 알리고자 명나라에 사은사로 가게 되었는데, 그 환송 인파가 외척의 득세를 경계하던 태종의 의구심을 부채질하고 말았다.

또 그해 11월에는 평소 강상인과 심온의 동생인 도총제 심정에게 좋지 않은 감정을 가지고 있던 병조 좌랑 안헌오가 태종에게 "강상인, 심정, 박습이 일전에 사적인 자리에서 말하기를, 요사이 호령이 두 곳에서 나오는데 한 곳에서 나오는 것만 같지 못하다고 말한 적이 있습니다"라고 거짓으로 고해바쳐 태종의 의구심을 가중시켰고, 이와 함께 강상인 등에 대한 격분을 유발시켰다.

그리하여 그해 11월 강상인은 다시 국문을 당해 태종과 세종을 이간하려 했다는 죄명으로 옹진진에서 군역에 복무하는 벌에 처해졌다가, 의금부의 장계에 따라 모반대역죄로 처형되었다. 그와 함께 박습, 심정도 죽음을 당했다.

심온은 당시 명나라에 가 있었기 때문에 이 사건과 직접적인 관련이 없었지만, 주모자로 몰려 귀국하는 길에 의주에서 체포되어 수원으로 압송된 후 자진하라는 명을 받아야 했다. 태종은 그를 특별히 자진하게 하고, 장지와 관을 주어 장례를 지내게 했으며 가산을 몰수하지 않는 등 배려를 했다. 이는 소헌왕후가 세종의 배필로서 원자를 낳아 길러 조선 만세의 기업을 세웠기 때문이었다.

이렇게 억울하게 죽어간 심온을 둘러싼 사건은 앞서 살펴본 민무구 형제의 옥사와 비슷한 듯하지만 성격이 조금 달랐다. 민무구 형제에 대한 단호한 처벌은 자신의 왕권 확립을 위한 고뇌에 찬 결단이었지만, 심온에 대한 태종의 견제는 이제 막 임금의 자리에 오른 자신의 어린 아들 세종을 보호하기 위한 정치적 결단이었다. 따라서 자기의 외척인 민무구 형제와 사돈인 심온에 대한 태종의 태도는 다를 수밖에 없었다. 과단성 있고 잔혹한 태종도 어쩔 수 없이 사랑하는 아들의 아버지요 며느리의 시아버지였다. 그러므로 어찌 연민의 정이 없을 수 있었겠는가. 심온이 북경에서 돌아오기 전에 강상인 등을 먼저 처형한 것은 그를 용서하여 다만 유배에 그치려고 했던 태종의 눈물 어린 배려였다. 세종의 성공적인 홀로서기와 사돈에 대한 인간적 연민 사이에서 고민을 거듭했을 태종의 모습이 가슴을 짠하게 한다. 최고 통치자는 언제나 고독한 존재인가 보다.

자살하려 한 임금들

우리나라의 역대 국왕들 중에는 자살한 사람이 거의 없다. 다만 고구려의 봉상왕이 자살한 것으로 알려져 있다. 300년경에 가뭄으로 백성들이 굶주리고 있었는데, 봉상왕이 궁궐을 수리하려고 백성을 징발하려 하자 국상國相 창조리가 그 일의 부당함을 간했으나 왕은 듣지 않고 오히려 창조리를 죽이려 했다. 그렇게 되자 창조리는 다른 신하들과 함께 왕을 폐위할 것을 모의했는데, 왕은 사태가 돌이킬 수 없음을 알고 두 아들과 함께 자살했다고 한다.

그러나 중국에는 자살한 왕이 몇 명 있는데, 대표적인 사람은 명나라의 마지막 황제 숭정제재위 1627~1644다. 그는 이자성이 이끄는 반란군이 수도인 북경을 점령하자 왕궁 옆에 있는 작은 산에 올라가 목을 맸다.

숭정제에게는 세 아들과 두 딸이 있었는데, 자살할 때 세 아들에게는 모두 도망쳐서 목숨을 보전케 하고 딸 하나는 칼로 찔러 죽였으며, 다른 딸 하나는 찔렀으나 빗맞아 죽지 않았는데 그녀는 뒤에 청나라 구왕九王(도르곤)의 첩이 되었다. 뒤에 아들 하나는 이자성에게 잡혀 포로가 되었고 두 아들은 도망을 갔다.

진시황의 맏아들인 부소도 자살한 것으로 전해진다. 통일제국 진기원전 221~기원전 206의 제1대 황제인 시황제가 죽고 난 후 환관 조고는 정권을 장악하려는 음모를 꾸몄다. 시황제를 모시는 환관의 책임자로 황제와 외부 세계 사이의 모든 연락을 맡고 있던 그는 기원전 209년또는 210년 여행 도중에 일어난 시황제의 죽음을 숨겼다. 그때 시황제의 큰아들 부소는 분서갱유에 반대했다는 이유로 유배 중이었다. 시황제는 부소를 후계자로 지명한다는 유언을 남겼지만, 조고는 이사와 짜고 가짜 조서詔書를 보내 부소에게 자살할 것을 명령했다.

이후 조고와 이사는 시황제의 막내아들 호해가 황제 자리를 잇게 한다는 가짜 조서를 꾸몄다. 얼마 후 이사와 조고는 사이가 나빠졌고, 조고가 이사를 처형했다. 그 후 전국에서 반란이 일어났으며, 얼마 가지 않아 반란군들이 수도까지 쳐들어왔다. 조고는 허수아비 황제 호해를 처형하고 호해의 아들 자영을 황제 자리에 앉힌 후, 다시 자영까지도 처형하려고 했지만 음모가 발각되어 암살당하고 말았다.

조선시대의 임금들 가운데는 자살한 인물이 없었지만, 전쟁이라는 국난을 당해 자살의 뜻을 표명한 임금들이 있었으니 선조와 인조가 그들이다. 선조는 임진왜란이 한창이던 선조 26년1593 윤 11월에 세자인 광해군에게 왕위를 물려주겠다는 뜻을 밝혔다. 그러자 영의정 유성룡이 비밀히 아뢰기를, "국가의 어렵고 위태한 운수가 어느 시대엔들 없겠습니까. 이것은 본디 성인도 면할 수 없는 것이니, 깊이 생각하고 길게 염려하여 끝내 그 어려움을 구제할 뿐입니다. 왕위를 물리는 일은 참으로 그 시기가 아니며, 먼저 천자의 명을 받고 난 뒤에야 할 수 있는 것인데 어찌 며칠 안에 이런 큰일을 거행할 수 있겠습니까. 신은 어리석고 어두워서 어찌할 바를 모르겠으므로 부득이 민망하고 절박한 뜻을 죽음을 무릅쓰고 아룁니다"라고 하여 전위에 반대하고 나섰다.

그러자 선조는 "경은 아직도 이런 말을 하는가. 며칠 안에 빨리 거행하라. 그러지 않으면 차라리 스스로 목숨을 끊겠다. 차마 종사에 거듭 죄를 지을 수 없다"라면서 뜻을 굽히지 않았다. 그러나 신하들이 적극적으로 반대해 선위 파동은 일시적인 해프닝으로 끝났다.

이후 병자호란 때는 인조도 자살하겠다는 뜻을 비친 적이 있다. 인조 15년1637 1월, 청나라가 강화도를 점령하고 항복을 요구하자 남한산성에 피신해 있던 조정 대신들은 주화파와 척화파로 갈려 화의를 할 것인가 말 것인가를 두고 치열한 논쟁을 벌였다. 이때 인조는, "형세가 이미 막다른 길까지 왔으니 차라리 자결하고 싶다. 그러나 저들이 이미 왕자와 비빈妃嬪들을 인질로 잡고 있으니, 나 또한 어찌해야 될지 모르겠다"라면서 자결하겠다는 뜻을 털어놓았다.

그러자 주화파 신하들은 "성에서 나가면 보존되거나 위태로울 확률이 반반이지만, 나가지 않는다면 열이면 열이 다 망하고 말 것입니다. 성상의 뜻이 정해진다면, 이로 말미암아 회복의 기틀이 마련될 줄 어찌 알겠습니까"라며 성에서 나가 항복해야 한다고 주장했다.

이에 따라 인조는 결국 항복을 결심하고 산성에서 나가 송파의 삼전도에서 굴욕적인 항복 의식을 거행한다. 성에서 나가기 전에 인조는 청 태종에게 글을 보내 일이 잘못되면 자결하겠다는 뜻을 거듭 밝히기도 했다. 즉 "신이 바야흐로 300년 동안 지켜온 종사와 수천 리 땅의 생령을 폐하에게 우러러 의탁하게 되었으니 정리情理상 실로 애처로운 점이 있습니다. 혹시라도 일이 어긋난다면 차라리 칼로 자결하는 것이 나을 것입니다. 삼가 원하건대 폐하께서는 진심에서 나오는 정성을 굽어 살피시어 어명을 분명하게 내려 신이 안심하고 귀순할 수 있는 길을 열어주십시오"라 했다.

제4장에서 자세히 다루겠지만, 임진왜란과 병자호란은 조선시대에 외세의 침략에 맞선 최대의 전쟁이었다. 이런 위기 상황에서 선조와 인조가 보여준 행동은

나약하고 무책임한 왕이라는 비난을 면하기 어렵다. 비록 자살하지는 않았지만, 끝까지 외적을 물리치고 국난을 극복할 생각은 하지 않고 무책임하게 자살을 운운했으니 참으로 애석한 일이다.

2장

정치적 암투와
그 패자들의 죽음

자
살
의

길
을

택
한

사
육
신

수양대군은 1453년 한명회, 권남 등과 함께 계유정난을 일으켜 실권
을 장악한 뒤 단종을 몰아내고 왕위를 찬탈했다. 그러나 이에 불만을 품
은 성삼문을 비롯한 집현전 출신의 학자들을 중심으로 단종을 복위시
키려는 운동이 일어났다.

생육신인 남효온이 지은《육신전六臣傳》에 따르면, 사육신 성삼문, 박팽
년, 이개, 하위지, 유성원, 유응부또는 김문기는 집현전을 모의 장소로 정하고
여러 차례 의논해 세조 2년1456 6월 창덕궁에서 명나라 사신을 맞이하는
자리를 이용해 세조를 살해하고 단종을 복위시킬 계획을 세웠다. 그러나
한명회의 주장으로 연회 절차에 변동이 생겨 거사가 미루어졌다.

그런데 이때 단종 복위 운동에 참여한 김질이 장인인 정창손에게 이

들의 계획을 알렸고, 정창손은 다시 세조에게 알렸다. 세조는 단종 복위를 꾀한 이들을 잡아들였고 거사는 실패했다. 그리하여 주모자인 성삼문 등 다섯 명은 처형당했고, 유성원은 자결의 길을 택했다.

단종 복위 운동이 발각되어 성삼문 등이 체포되었을 때 유성원은 성균관에서 그 소식을 듣고 급히 집에 돌아와서 아내와 함께 이별주를 나누어 마시고 사당으로 올라갔다. 꽤 시간이 지났는데도 내려오지 않자 가족들이 그제야 이상하게 여겨 올라가보니, 관복을 가지런히 정돈해놓은 채 칼로 목을 찔러 죽은 지 오래였다. 모두 당황해서 우왕좌왕하는데 영문을 알기도 전에 벌써 포졸이 달려들어 시체를 가져가서는 큰길에서 찢어버렸다.

김진구의 〈역대인물쾌사록〉에 따르면, 자결한 유성원은 계유정난으로 김종서 등이 죽음을 당한 뒤 조정 신하들이 수양대군의 공을 찬양하고자 그를 주공周公(주나라의 정치가로, 형인 무왕을 도와 은나라를 멸한 뒤 새로 건국한 주나라의 기초를 튼튼히 했음)에 비유해 조서詔書를 기초할 때 그 일을 맡아야 했다고 한다. 다른 집현전 학사들이 모두 미리 알고는 먼저 자리를 뜬 후 제일 마지막까지 남아 있던 그가 붙잡혀서 무수한 협박을 받은 후에 조서를 기초하고는 집에 돌아와 밤새도록 대성통곡했다고 한다.

유성원은 의정부 사인舍人을 지낸 유사근의 아들로 세종 26년1444 식년시 문과에 급제해 집현전 교리, 사헌부 장령과 집의 등을 지냈다. 1445년 집현전 저작랑으로《의방유취醫方類聚》편찬에 참여했다. 문종 2년1452에는《고려사절요高麗史節要》를 편찬할 때 최항, 박팽년, 신숙주 등과 함께 열전列傳을 담당해 찬술했으며, 그 후《세종실록》과《문종실록》편찬에도 참여했다.

그는 문종 즉위년1450에 문종이 어린 왕세자를 위해 서연書筵을 열었을 때 좌사경으로 선발되어, 세자를 잘 지도해달라는 간곡한 부탁을 받았다. 숙종 17년1691에 관작이 회복되었고, 뒤에 이조판서에 추증되었다.

한편 유성원의 동료 사육신들의 최후를 살펴보면, 우선 성삼문은 복위 운동이 발각되어 세조가 직접 국문하면서 "너희는 어찌하여 나를 배반하는가?" 하자, 목소리를 높여 "구주舊主를 복위하려는데 무엇이 배반인가. 내 본래 죽기는 각오했지만 부질없이 죽는 것은 하등의 유익이 없어 참아왔노라" 했다. 그러자 세조가 다시 "너희는 이때까지 나의 국록을 먹어오다가 지금 와서 배반하는 것은 반복인反覆人(언행을 이랬다저랬다 하는 사람)의 일이다. 이름은 상왕 복위를 빌렸으나 기실은 사사로운 이익을 꾀하는 것이 아니냐?"라고 했다. 이에 성삼문은 "상왕이 계시는데 내가 어찌 신하로 복종하기를 바라는가. 또 진사進賜(나리. 종친에게 흔히 쓰는 경어)의 녹을 나더러 먹었다 하니 지금이라도 나의 집을 조사해보면 알 것이다" 하고 대답했다.

이 말을 들은 세조는 노기가 등등해져 무사에게 달군쇠로 죄인의 다리를 뚫어 꿰고 팔을 끊게 했다. 그러나 성삼문은 안색도 변하지 않고 "진사의 형벌이 참 혹독하구나!"라고 할 뿐이었다. 그러고는 세조 앞에 있는 신숙주를 향해 큰 소리로 질책하기를, "내가 너와 같이 집현전에 있을 때 세종께서 원손을 안으시고 거닐면서 여러 학자에게 '천추만세 후에 경들은 이 아이를 잘 보호하여야 한다' 하고 말씀하신 것이 아직도 나의 귀에 남아 있는데 너 홀로 잊었느냐? 의외로다! 너의 악이 여기까지 이를 줄은……"이라고 했다.

그를 처형한 뒤에 집 안을 조사하자 과연 세조 즉위 후의 녹봉은 따로 한 방에 그대로 모아두었고, 침실에는 짚자리가 깔려 있을 뿐이었다. 그의 아버지 성승은 물론이고 동생인 부사 삼빙, 삼고, 시정寺正 삼성, 그리고 아들인 맹담, 맹평, 맹종과 아직 어린 아들 두 명까지 연좌되어 참수형에 처해졌으며, 아내와 딸은 관노가 되었다.

이개 등의 나머지 사육신들도 혹독한 형벌에 시달린 뒤에 처형되었으며, 그들의 부모형제도 모두 연좌되어 사형되었다. 그런데 관비가 된 박팽년의 둘째 며느리 이씨가 이때 임신 중이었다. 이에 사내아이를 낳으면 핏덩어리인 채로 바로 참수형에 처하라는 명이 내렸는데, 이씨는 마침 동료 관비가 낳은 딸이 있어 몰래 자신이 낳은 아들과 바꾸어 길렀다. 성종 대의 관찰사 이극균의 설득으로 이 아들이 자수하자 조정에서는 특별히 사면한 뒤 일산壹珊이라는 이름까지 내려주었다. 이렇게 해서 박팽년의 손자인 박일산은 사육신의 살아남은 유일한 핏줄이 되었다.

●
김식

중종반정으로 연산군을 몰아내고 왕위에 오른 중종은 연산군의 악정을 개혁함과 동시에 쫓겨난 신진 사류를 등용해 파괴된 유교적 정치 질서를 회복하고 교학, 즉 대의명분과 오륜을 존중하는 성리학을 장려하는 데 힘썼다. 이러한 새 기운 속에서 점차 정계에 두각을 나타내기 시작한 것이 조광조 등의 신진 사림이었다.

중종의 신임을 받은 사림파는 성리학을 정치와 교화의 근본으로 삼아 고대 중국 3대하.은.주의 왕도정치를 이상으로 하는, 이른바 지치주의至治主義 정치를 실현하려 했다. 이를 위해 사림파는 과거제 폐단을 혁신하고자 천거과현량과를 실시하고, 도교의 제사를 맡아보는 소격서를 없애버렸으며, 향약을 실시해 지방의 상호 부조와 미풍양속을 배양하려고 했다.

그러나 그들의 이상주의적인 왕도정치는 구현 과정에서 저돌적이고 급진적인 면이 많아 도리어 증오와 질시를 샀다. 또한 청렴결백과 원리 원칙에 입각한 도학적인 태도는 보수적인 기성세력을 소인시해 훈구 재상들의 미움을 샀다.

당시 반정공신으로서 사림파의 탄핵을 받지 않은 자가 없을 정도였다. 이에 조광조 일파에 대한 기성 훈구 세력의 불평불만은 중종 14년 1519에 반정공신들의 공신호를 박탈하는 위훈僞勳 삭제 사건을 계기로 폭발했다.

위훈 삭제 등의 조처는 훈구 세력의 부당한 재원을 막고 사대부의 기강을 바로잡기 위한 것이었으나, 결과적으로는 훈구 대신에 대한 도전 행위였다. 이때 소인배로 지목된 남곤과 훈적勳籍(공훈을 기록한 명부)에서 삭제당한 심정 등은 조광조의 탄핵을 받은 바 있는 희빈 홍씨의 아버지인 남양군 홍경주와 손을 잡고 조광조 일파를 몰아낼 계략을 꾸몄다.

이들은 희빈 홍씨를 이용해 "온 나라의 인심이 모두 조광조에게 돌아갔다"라고 왕에게 밤낮으로 말함으로써 왕의 마음을 흔들어놓았다. 또한 궁중의 나뭇잎에 꿀로 '주초위왕走肖爲王(走肖는 조趙의 파자로, '조씨 성을 가진 자가 왕이 된다'는 뜻)'이라고 써서 벌레가 갉아먹게 한 뒤, 그것을 왕에게 보여 마음을 움직이게 했다.

이때를 절호의 기회라고 생각한 홍경주, 남곤, 심정 등은 1519년 11월 15일에 조광조 일파를 정식으로 탄핵했고, 이로써 기묘사화가 일어나게 되었다. 즉 이들은 조광조 등이 붕당을 만들어 중요한 자리를 독차지하고 임금을 속이며 국정을 어지럽혔으니 그 죄를 밝혀 바로잡아주기를 중종에게 요청했다.

당시 훈구파 중신들이 한 말에 기묘사화의 명분이 나타나고 있는데,

즉 "조광조 등을 보건대 서로 붕당을 맺고서 저희에게 붙는 자는 천거하고 저희와 뜻이 다른 자는 배척하여, 명성과 위세로 서로 의지하여 권세 있는 요직을 차지하고 있습니다. 위를 속이고 사사로운 정으로 힘을 행사하면서도 꺼리지 않는가 하면 후진을 유인하여 그릇되고 거친 언행이 버릇이 되게 하니, 젊은 사람이 어른을 능멸하고 천한 사람이 귀한 사람을 방해하여 국세國勢가 전도되고 조정이 날로 잘못되게 하고 있습니다. 그리하여 조정에 있는 신하들이 속으로 분개하고 한탄하는 마음을 품었으나 그 세력이 치열한 것을 두려워하여 아무도 입을 열지 못하고 있습니다. 사세가 이렇게까지 되었으니 한심하다 하겠습니다. 해당 기관에서 그 죄를 분명히 밝히게 하십시오"라 요청했다. 이에 임금이 "죄인에게 벌이 없을 수 없고 조정에서도 청했으니, 빨리 정죄定罪하게 하라"라고 함에 따라 사림파들은 쫓겨나게 된다.

다음 날 조광조에게는 사약을 내리고, 김식, 김정, 김구는 외딴섬에 안치하며, 윤자임, 기준, 박세희, 박훈은 아주 먼 변경에 안치하라는 명이 내려졌다. 이에 따라 조광조는 전라도 화순으로 귀양을 갔다가 그해 12월에 사약을 받고 숨졌다.

그리고 사림파의 대표적 인물인 김식은 귀양을 갔다가 자결하고 말았다. 그는 어려서 아버지를 여의고 학문에 열중해 연산군 대에 진사가 되었으나, 벼슬에는 관심이 없고 성리학 연구에만 몰두했다. 그 후 1519년 4월에 조광조 등의 건의로 실시된 천거과에서 장원으로 급제했다. 이는 그가 당시 사림들에게서 두터운 신뢰를 얻고 있었고, 중앙에 이미 진출한 사림파 중에서도 조광조에 버금갈 만한 인물로 평가되었음을 뜻한다. 그리하여 그는 급제자 발표 직후 성균관 사성이 되었고, 얼마 뒤에는 홍문관 직제학에 올랐다.

그해 11월 기묘사화가 일어나자 그에게는 섬에 안치하라는 처벌이 내려졌으나, 영의정 정광필 등의 비호로 경상도 선산善山에 유배되었다. 그러나 뒤따라 일어난 신사무옥에 연좌되게 된다. 신사무옥은 기묘사화 2년 뒤인 중종 16년1521에 안처겸 등이 변란을 일으키려는 음모를 꾸민다는 무고를 받고 일어난 옥사로, 훈구파 세력들이 사림파 인사들을 제거하기 위해 일으킨 사건이었다.

신사무옥으로 다시 거제도로 옮겨진다는 소식을 듣고 김식은 유배지에서 도망쳐 경상도 거창으로 숨어들었다. 조정에서는 그를 체포하기 위해 백방으로 노력했으나 끝내 잡지 못했다. 도피하던 중에 그는 다음과 같은 시를 남기고 결국 자결의 길을 택했다.

해는 기울어 하늘은 어둑한데
텅 빈 산사 위에 구름이 떠가네
군신 사이 천년의 의리는
어느 외로운 무덤에 있는가.

이렇게 기묘사화로 쫓겨나 자결한 김식은 모든 관작이 박탈되었으나, 명종 대에 복관되었으며 그 뒤 선조 대에 이조참판을 거쳐 영의정에 추증되었다.

기축옥사로 이어진
실패한 반란

정여립은 전라도 전주 출신으로 조상 때부터 전주 동문 밖에 거주했
는데 가세가 가난하고 변변치 못했다. 아버지 정희증이 문과에 급제했
으나 크게 등용되지는 못했다.

서인들이 작성한 까닭에 정여립에 대해 비판적인 《선조수정실록》에
따르면, 그의 부모가 꿈에 고려의 역신 정중부를 보고 나서 그를 잉태했
는데 출산하는 날 밤이 되자 또 정중부를 만나는 꿈을 꾸었다고 한다.
이 때문에 이웃에서 아들을 본 것을 하례했으나 정희증은 기뻐하는 빛
이 없었다고 한다.

또한 정여립은 몸집이 큰 편이었는데, 겨우 일고여덟 살 때 또래 아이
들과 놀면서 칼로 까치 새끼를 부리에서 발톱까지 토막 냈다고 한다. 정

희증이 누가 한 짓이냐고 꾸짖으며 묻자 그의 집 어린 여종이 정여립을 가리켰고, 그날 밤 정여립이 그 아이의 부모가 이웃집에 간 틈을 타서 칼로 그 아이를 찔러 죽였다. 그 부모가 통곡을 하고 온 마을 사람들이 모여 있는데 정여립이 나와서 태연하게 말하기를 "이 아이가 나를 일러바쳤으므로 내가 죽였다"라고 했으며, 이 말을 들은 사람들은 악한 장군이 태어났다고 수군댔다고 한다.

그는 율곡 이이의 제자로서 선조 2년1569 식년시 문과에 급제한 후 예조 좌랑을 거쳐 홍문관 수찬을 지냈다. 처음에는 서인으로 이이와 성혼의 후원을 받아 그들의 천거를 받기도 했지만, 이이가 죽은 뒤에는 당시 집권 세력인 동인 편에 서면서 이이, 성혼, 박순 등을 비판했다. 이에 따라 서인의 집중적인 비판의 표적이 되고 선조의 눈 밖에 나게 되자 벼슬을 버리고 고향으로 돌아갔다. 조정 중신들은 그가 벼슬에서 물러난 것을 애석하게 여겨 여러 번 천거했지만 임금이 끝내 윤허하지 않았다.

그는 본래 권력에 대한 욕심이 많고 사나웠지만 이를 제대로 분출하지 못하자 배반하려는 마음이 더욱 강해졌다고 한다. 이에 강학을 핑계로 무뢰배를 불러 모았는데, 무사와 승려 들도 섞여 있었다. 세력이 강해지자 남의 재물을 함부로 강탈해 땅을 광대하게 점유했다. 고을 수령들에게 재물을 요청했다가 조금만 마음에 차지 않으면 곧 대관臺官에게 부탁해 공격하고 모함하니, 복종하여 따르는 자가 문을 메웠고 선물과 증여가 뜻에 차지 않음이 없었다. 그러므로 그 자산이 관가와 같았는데 이것으로 몰래 무리들을 길렀다는 것이다.

그런데 이 무렵 나라의 상황이 좋지 않아 백성들의 불만이 커지기 시작했다. 당시 조선은 군정軍政이 문란하고 재정이 고갈되었으며, 해마다 흉년 같은 재해가 일어나고 이따금 도적들도 출몰했다. 또 민간에서는 친척이나 이웃에게 군포를 징수하는 일로 백성들의 불만이 고조되었고, 북방의 유랑민들을 불러들이는 소동이 일어났다. 이런 사회적 불안과 백성들의 불만을 읽은 정여립은 자신이 직접 백성들과 반란을 도모하기로 마음먹었다.

이보다 앞서 100여 년 전에 민간에 '목자木子가 망하고 전읍奠邑이 일어난다'는 예언이 떠돈 적이 있었다. 여기에서 '목자'는 이李의 파자이고 '전읍'은 정鄭의 파자이다. 정여립은 이것을 생각해내고는 요승妖僧 의연과 짜고 그 말을 옥판에 새긴 다음 지리산 석굴 안에 감추었다. 그런 후에 의연이 승려 도잠, 설청 등과 산을 유람한다는 핑계로 지리산에 이르러서는, '아무 쪽에 보기寶氣가 있다'며 일행을 이끌고 가서 옥판을 찾아낸 다음 정여립에게 돌려주었다. 정여립은 그것을 무리에게 가만히 보여주고는 그 일을 누설하지 말라고 당부했다.

의연은 본래 전라도 운봉 사람으로, 자신이 요동에서 나왔다고 주장하고 다니며 종종 사람들에게 넌지시 말하기를, "내가 요동에 있을 때 조선을 바라보니 왕기王氣가 있었는데, 조선에 와서 살펴보니 왕기가 전주 동문 밖에 있었다"라고 했다. 이로 '전주에 왕기가 있다'는 말이 퍼지게 되었다. 한편 정여립 또한 말하기를, "내 아들 옥남玉男의 등에 왕王 자 무늬가 있는데 왕 자를 피해 옥玉 자로 해서 이름을 옥남이라 했다"라고 해서 사람들의 주목을 끌었다.

정여립은 잡술에 두루 밝아 풍수지리와 음양오행 등에 관한 서적을 중국에서 사다가 무리들과 강론했고, 국가에 장차 왜란이 있을 것을 알고 때를 타서 갑자기 일어나려고 했다. 그리하여 전라도 진안의 죽도에 서재를 짓고 강론을 하는 등의 활동을 하면서 인근 사람들을 모아 대동계大同契를 조직했다. 대동계는 신분에 제약을 두지 않고 가입을 허가하여 이웃 고을 무사들과 건장하고 용감한 노비들이 참여했으며, 보름마다 한 번씩 무술 훈련을 하는 등 호남을 중심으로 세력을 확장해갔다.

그리고 황해도 안악 사람인 변승복, 박연령, 해주의 지함두 등과 은밀히 교제하며 꾀자 응하는 자가 수백 명이나 되었다. 이를 통해 정여립은 대동계의 조직을 전국으로 확대해나갔다.

이보다 수십 년 전에 천안의 사노 길삼봉이라는 흉포한 도적이 있었는데, 관군이 매번 체포하기 위해 급습했으나 그때마다 탈주했으므로 국내에 이름이 자자했다. 정여립은 지함두 등을 통해 황해도 지방에 말을 퍼뜨리기를, '길삼봉, 길삼산 형제가 신병을 거느리고 지리산으로 들어가기도 하고 계룡산으로 들어가기도 한다'고 했다. 또한 '정팔룡은 신기한 용기를 지닌 사람으로 마땅히 왕이 되어 계룡산에 도읍을 정할 터인데 머지않아 군사를 일으킬 것이다'고도 했다. 팔룡은 정여립을 가리키는 호인데, 실정을 모르는 자들은 다른 사람으로 알았다.

황해도 지방은 임꺽정의 난을 겪은 직후였기에 이런 요언은 큰 파장을 일으켰다. 백성들과 관리들은 두려워하며 무기를 준비하고 급작스러운 변고에 대비했다. 당시 황해도에는 이런 말이 자자하게 떠돌았다. 즉 '호남 전주 지방에서 성인이 일어나 우리 백성을 구제할 것이다. 그때는 조례皁隸(각 관아의 아전), 친족, 이웃의 부역 등을 모두 감면할 것이고, 공사 노비와 서얼을 차별하는 법을 모두 혁파할 것이니 이로써 국가가 태평하고 무사할 것이다'는 내용이었다.

정여립은 선조 20년1587에 전주 부윤 남언경의 요청으로 대동계원을 이끌고 전라도 손죽도에 침범한 왜구를 물리치기도 했다. 조정에서는 여러 고을에서 군사를 징발했는데, 일처리에 능숙하지 않은 남언경은 고민하다가 정여립에게 이 일을 부탁했다. 정여립은 사양하지 않고 일을 맡아 즉시 군사들을 모았고, 부서를 나누어 파견하는 일을 하루도 안 되어 마무리했다. 이때 그가 뽑은 장령將領은 모두 대동계에 소속된 친밀한 무사들이었다.

이렇게 은밀하게 반란을 준비하던 정여립은 선조 22년1589에 자신에 대한 소문이 멀리 퍼지자 서둘러 거사를 치르기로 한다. 즉 그해 겨울 전라도 지방에서 일시에 군사를 일으키고, 한강에 얼음이 얼기를 기다렸다가 곧바로 한양으로 쳐들어간다는 계획이었다. 그런 뒤에 무기고를 불태우고 세곡 창고를 점거한 다음, 도성 안의 상황을 살펴 자객을 나누어 보내 대장 신립과 병조판서를 먼저 죽이고 이어 병사와 관찰사 들을 죽인 다음 병권兵權을 장악하기로 했다.

그러나 거사 계획이 사전에 적발되어 황해도 관찰사 한준, 재령 군수 박충간 등의 고변으로 관련자들이 차례로 체포되고, 정여립도 관군에게 쫓기게 되었다. 이때 황해도 구월산의 승려들 가운데 정여립에게 호응하는 자가 있었는데, 승려 의엄이 그 정황을 염탐하고 재령 군수 박충간에게 비밀히 말했으나 그는 망설이며 감히 고변하지 못하고 있었다. 그 와중에 안악 군수 이축의 친척인 진사 남절이 민간에 떠도는 말을 듣고 이축에게 알리자 그가 남절을 시켜 실상을 살피게 했다. 남절은 교생 조구가 항상 정여립의 제자라고 하면서 무리를 모아 술을 마시는데 종적이 평소와 다른 것을 보고 이축에게 알렸다.

이에 이축이 조구를 잡아다가 실상을 묻자, 조구는 속일 수 없음을 알고 모든 역모 계획을 고발했다. 조구의 고발을 들은 이축은 박충간 등을 초청해 모았고, 신천 군수 한응인이 황해도 관찰사 한준을 시켜 역모 사실을 임금에게 보고하게 했다. 박충간 역시 소장疏章을 갖추어 아들에게 부쳐 급히 입궐해 먼저 고변하게 했는데 황해도 관찰사의 장계가 뒤따라 도착했다. 역모 사건을 보고받은 선조는 금부도사를 파견해 정여립 등을 체포하게 하는 한편, 비상사태에 대비하게 했다.

당시에 변숭복은 조구가 고발했다는 말을 듣고 황해도 안악에서 4일 만에 전라도 금구에 있는 정여립에게 달려가서 이 사실을 전했다. 정여 립은 곧 박연령의 아들 박춘룡, 자신의 아들 옥남과 함께 밤을 틈타 도망을 쳤다. 금부도사가 이튿날 금구와 전주 두 곳에 있는 정여립의 집을 급습했으나 잡지 못했다.

그해 10월, 죽도의 산골짜기에 숨어 있던 정여립은 마침내 진안 현감 민인백 등에게 발각되었다. 정여립은 아들 옥남 등과 함께 밭가의 풀숲에 숨어 있다가 관군이 포위하자 칼로 변숭복을 먼저 베고 다음에 옥남을 벴으나 옥남이 칼날을 피하는 바람에 죽이지 못했다.

그 후 정여립은 즉시 칼을 땅에 거꾸로 꽂고 목을 늘여 꽂아 죽었는데 그 소리가 소 울음소리 같았다고 한다. 민인백이 산 채로 잡으려고 군사에게 다그치지 말게 하고 그의 자字를 부르며 말하기를, "대보大甫야! 내 말을 들어라. 조정에서 대보가 딴마음이 없음을 알 터이니 스스로 변명하라" 했으나, 정여립은 듣지 않았다.

그가 자살한 직후 선조는 "적신賊臣 정여립은 뱀과 살무사보다 더 독하다. 난적이 어느 시대엔들 없었으랴만 이보다 더 심한 적은 없었다"라면서, 능지처참하고 재산을 몰수하며 그의 자녀와 연좌된 무리도 아울러 처벌하라고 명했다. 이에 따라 그의 시체는 한양의 군기시軍器寺 앞에서 백관들이 늘어선 가운데 능지처참되었다. 그의 아들 옥남과 박춘룡은 포박된 채 함께 한양으로 호송되어 임금의 국문을 받고 처형되었으며, 온 집안이 화를 당했다.

그 후 이 사건은 정철 등 서인의 주도로 조사가 시작되면서 이발, 백

유양, 최영경 등 동인의 주요인물이 거의 제거되었으며, 이때 숙청된 인사는 천여 명에 달했다. 이를 기축옥사라 하는데, 이로 인해 동인 세력은 크게 약화되었으며 이후 전라도를 반역향이라고 해서 호남인들의 등용을 제한하게 되었다.

정여립의 자결과 동인의 몰락으로 귀결된 위와 같은 정여립 모반 사건은 동인 세력에게 타격을 가하기 위해 서인 세력이 조작한 결과라는 일부 학계의 견해를 감안한다면, 이 사건 역시 당파 싸움이 낳은 비극적인 역사의 한 단면이라고 하겠다.

최영경

당쟁의 산물이 된 죽음

기축옥사에 연루된 최영경의 죽음에 대해서는 당시부터 자살이냐 옥사냐를 둘러싸고 갖가지 의혹이 제기되었다. 대체로 기축옥사를 일으킨 서인들은 그의 죽음을 자살로 몰고 갔고, 동인들은 감옥에서 추위와 굶주림으로 병사한 것이라고 주장했다.

최영경은 전라도 화순이 본관이고 서울에서 태어나 자랐다. 일찍이 효우와 행실로 널리 알려졌으나, 이름이 높아지자 시기를 당해 진주로 퇴거해 스스로 수우당守愚堂이라는 호를 지었다. 그는 남명 조식의 제자인데, 어려서부터 학문에 재질을 보였으며 가난과 질병을 벗 삼고 분수를 지키며 출세와 명예를 구하지 않았다.

성년이 되어 여러 번 문과의 초시에 합격했으나 복시에는 합격하지 못했다. 선조 5년1572 학행으로 천거되어 경주 참봉에 제수되었으나 나아가지 않았다. 이듬해 주부에 제수되었으나 역시 나아가지 않았으며, 연이어 많은 관직에 임명되었으나 모두 사양하고 우거진 대나무 숲에서 사립문을 굳게 닫고 출입하지 않았다.

그는 여러 영남 선비들의 존숭을 받았고 조정에서도 그의 논의를 근거로 인물을 진퇴시켰기 때문에 성세가 매우 커져 집안 뜰이 저자처럼 붐볐다. 그러나 기절과 의리를 숭상하고 선악의 평가를 좋아해서 당론에 치우쳤기 때문에 그를 싫어하는 자도 많았다.

일찍이 사헌부 지평을 제수하자 상소를 올려 사양했는데, 그 속에 "조정에 붕당이 풍조를 이루었다"라는 말이 있었으므로 요직에 있는 자에게 미움을 샀다. 평소에 악을 원수처럼 미워하고 남의 잘못을 용서한 적이 없었으며 서인의 우두머리 정철을 배척하고 성혼과는 절교했다. 심지어 서인의 영수인 박순과 정철을 죽여야 한다고 주장하기까지 했다. 이 때문에 서인들은 그를 매우 미워해 항상 중상하려 했다.

선조 22년1589에 정여립이 역모로 죽음을 당할 때 "길삼봉이란 자가 그 괴수다"라는 말이 돌았다. 이에 서인들은 최영경을 얽어 모함하려는 계책을 세우고 길삼봉을 최삼봉으로 바꾸고, 삼봉을 최영경의 별호로 삼았다.

이후 정철의 제자인 호남 사람 양천경이 상서를 해서 이를 고했고, 선조 23년 여름에 예순 살의 최영경은 체포되어 형틀에 묶인 채 서울로 압송되었다. 서울로 잡혀 온 후 그는 제자에게 말하기를 "내가 늙은 나이에 체포되어 더위를 무릅쓰고 재를 넘으므로 도로에서 죽어 하늘 아래에서 사실을 드러내어 밝히지 못할까 염려했는데, 지금 다행히 살아서 도성 문으로 들어왔으니 죽어도 여한이 없다"라고 했다.

국문을 당할 때는 태연한 안색으로 진술하기를, "신이 평생에 본디 별호가 없었습니다. 설사 있었다 하더라도 고려 말기의 간신 정도전이 일찍이 이 호를 썼었는데 하필 간신의 호를 취하여 자기 호로 삼겠습니까"라 했다. 계속해서 사건을 추궁해 물었으나 끝내 증거가 나오지 않았다. 또 정여립과는 초년에 잠시 만난 적이 있으나 중년 이후에는 절교했다고 진술했다.

그의 집에 있는 문서를 수색해보니 모두 그 아우와 친척에게 보낸 서찰로 우애와 화목을 권면한 내용이 대부분이었다. 이에 선조의 명으로 그는 석방되었지만, 사간원에서는 다시 국문하고자 무려 19일에 걸쳐 임금에게 주청한 끝에 윤허를 받아냈다. 먼저 그 아우 최여경과 친척들을 국문하면서 엄하게 고문을 가했으나 끝내 다른 말이 나오지 않았다.

이에 최여경은 장형을 맞아 죽고 최영경은 먹지 않아 병이 나서 죽었다. 그가 죽자 사헌부에서는 스스로 그 죄를 알고서 자진했다거나 단서가 드러나 말이 막히자 자살했다면서, 의금부에서 잘 지키지 못해 갑자기 죽게 했으니 해당 관원을 파직하기를 청해 윤허를 받았다. 결국 서인들의 주장은 최영경이 자신의 행위가 떳떳지 못해 자결했다는 것이었다.

그러나 동인 측에서는 서인들이 근거 없는 말로 임금을 현혹했고 끝내 증거가 드러나지 않았는데도 옥중에서 먹지 못해 야위어 죽게 했으며, 끝내는 얽어 죽인 정상을 숨길 수 없게 되자 자진했다면서 임금을 속였다고 주장했다. 또한 동인들은 "그를 가리켜 길삼봉이라 한 말은 전혀 근거가 없다. 그가 평소에 정철의 간사한 정상을 드러내는 데 조금도 가차 없이 했기 때문에 정철의 무리가 역적의 변을 틈타 모함할 계책을 짜냈다. 그리하여 저들의 당을 시켜서 삼봉이라 고하게 함으로써 드디어 옥사를 조작한 것이다. 서인들은 또한 자기들의 흉모가 탄로될까 두려워 다시 자진설을 퍼뜨림으로써 그 흔적을 엄폐했다"라고 거듭 주장했다.

그의 죽음에 대해《선조실록》을 쓴 동인 측 사관은 다음과 같이 평하고 있다.

> 최영경은 산림의 일개 처사로서 고상한 뜻을 지니고 세상을 피해 유유자적하매 처신이 고결하고 언론이 강직했으므로 온 세상 사람들이 그를 은일隱逸로 지목하고 사류는 그의 풍채를 우러러보았다. 그러나 불행하게도 간신이 없는 죄를 날조함으로써 처사를 감옥에 유폐하고 절의를 천지간에 꺾어버리면서 조금도 거리낌 없이 개인적 감정을 풀고 말았으니 혈기가 있는 자로서 그 누구인들 팔을 걷어붙이고 통탄해하지 않을 자가 있겠는가. 대체로 영경은 권신이 나라 망치는 것을 목격하고 차마 말하지 않을 수 없어 그의 잘못을 공격했으니, 비록 행동은 강직해도 말은 겸손해야 한다는 경계를 범했다 할지라도 또한 도를 지키는 선비라 할 만하다. 무고한 사람에게 마구 혐의를 뒤집어씌워 결국 참화에 걸려 그 몸을 보전하지 못하게 했으니, 당시 간사한 자가 임금을 무시하고 조정의 권력을 멋대로 농간하며 살육을 자행한 사실은 지금 생각해도 머리털이 서고 간담이 서늘해지게 한다.

《선조실록》 권115, 32년 7월 병자

이처럼 동인 출신의 사관은 정철 등의 서인이 무고한 최영경의 죄를 날조하여 살육을 자행했다고 비난하고 있다.

최영경이 죽고 나서 1년 뒤에 정국이 변해 동인이 집권하자 양천경이 그를 무고한 죄를 심문받게 되었는데, 양천경은 "정철이 신을 불러 말하기를 '네가 만일 최영경이 길삼봉이라고 고하면 좋은 벼슬을 할 수 있다'했습니다"라고 진술했다. 정철이 그를 사주해 최영경을 길삼봉으로 만들었다는 것이다. 이로써 최영경의 죽음은 옥사로 결론이 났고, 이때부터 임금도 마음이 바뀌어 그를 죽게 한 것을 몹시 후회했다고 한다. 서인이 쓴 《선조수정실록》에도 그가 병이 심해져 사망했다고 나와 있다. 이로 볼 때 그의 죽음이 자살이 아니라 옥사인 것은 분명한 듯하다.

선조는 처음에는 "영경은 죽음을 스스로 자초한 것이니 깊이 애석하게 여길 것이 못 된다. 이 사람 때문에 이렇듯 의논이 분분한 것도 옳지 못하다"라고 했다. 그러나 나중에는 그의 죽음을 애석해하는 기조로 바뀌었다. 선조 27년1594 5월에 내린 하교에 따르면, "나는 그 사이에 있었던 일은 모르겠고 또한 어떤 사람의 소행인지도 모른다. 다만 최영경이 독물毒物에 해를 당한 것만은 분명하다. 내가 석방해주라고 명했는데도 필경 면하지 못하고 끝내는 옥중에서 죽어 자살했다는 명목까지 가해졌으니 천지에 그 원통함이 극진할 것이다. 아, 나는 조석 사이에 물러날 사람이므로 내가 있을 때 그의 원통함을 풀어주어서 100년 뒤에 지하에서 보더라도 부끄러움이 없게 하려는 것이다. 나의 뜻은 여기에 있을 뿐이다. 그 시비에 대해서는 절로 공론이 있을 것이니 한 사람의 손으로 천하의 눈을 가리기는 어려운 일이다. 나같이 어둡고 용렬한 사람이 바늘방석에 앉은 듯한 이 심정을 어찌 알겠는가"라 했다.

이에 따라 선조는 최영경의 아내까지 굶어 죽게 할 수 없다면서 그 아내와 자식에게 곡식을 주라고 명했다. 또한 "최영경의 일은 내가 생각하니 나도 모르게 눈물이 쏟아진다"라면서 특별히 대사헌을 추증했다. 광해군 3년1611에 최영경은 산청의 덕천서원에 배향되었다.

최영경의 옥사는 그 후 몇 년이 지나 임진왜란으로 나라가 혼란스러운 와중에도 당쟁의 빌미로 이용되기도 했다. 동인이 다시 정권을 잡은 선조 27년 5월에 사간원에서는, "간사한 자는 이미 죽은 뒤에도 처벌하는 법이 마땅히 시행되어야 합니다. 이미 죽은 정철의 관작을 삭탈함으로써 혐의를 품고 선비를 죽인 자들의 경계가 되게 하소서"라면서 죽은 정철을 처벌해야 한다고 건의했다. 이에 선조는 "지금은 임금과 신하가 낮이나 밤이나 창을 들고 지내면서 군사를 훈련해 왜적을 토벌하는 것을 일삼아야 할 뿐, 그 밖의 다른 일은 마음에 두지 않아야 한다. 소요를 일으켜서는 안 되니 다시 참작할 것이다. 논의하지 말라"라고 명했다. 왜란이 한창 진행 중인데도 당쟁은 여전히 치열하게 전개되었으니 참으로 안타까운 일이 아닐 수 없다. 당파 싸움은 국가와 백성의 안위도 돌보지 않고 자기 당의 이익을 위해서만 벌어진 것이다. 자고로 국난을 당했을 때는 전 국민이 똘똘 뭉쳐 대처해야 하는데 말이다.

유영경

죽음으로도 끝나지 않은
당파 싸움

유영경

유영경은 선조 5년1572 춘당대시 문과에 급제해 사간원 정언 등 청요
직을 역임했다. 1592년 임진왜란이 일어나자 사간으로서 초유사招諭史(난
리가 일어났을 때 백성을 타일러 경계하는 일을 맡아 하던 임시 벼슬)가 되어 의병을 모집했
고, 다음 해에 황해도 순찰사가 되어 해주에서 일본군을 물리친 공으로
호조 참의에 올랐다. 1594년에 황해도 관찰사가 되었고, 1597년 정유재
란 때 지중추부사로서 가족을 먼저 피란시켰다는 혐의로 파직되었다가
이듬해 병조참판이 되었다.

조정 신하들이 동인과 서인으로 갈라져 당쟁을 벌이기 시작하자 그는
유성룡과 함께 동인에 속했고, 동인이 다시 남인과 북인으로 나뉘자 이
발과 함께 북인에 가담했다. 1599년 대사헌으로 있을 때 대북, 소북으로

갈리자 남이공과 함께 소북파의 영수가 되었다. 이때 대북파에 밀려 파직되었다가 1602년 이조판서에 이어 우의정에 올랐는데, 대북파의 기자헌, 정인홍 등과 세자 문제로 심한 마찰을 빚었다. 이후 영의정까지 오른 그는, 선조 말엽에 그의 세력이 권력을 잡게 되자 이미 세자로 지명된 광해군 대신 선조가 총애하던 영창대군을 옹립하려 했다. 그러나 선조가 갑자기 죽고 광해군이 즉위하면서 대북파인 이이첨, 정인홍의 탄핵을 받고 경흥에 유배되었다가 자결하라는 명을 받았다.

이처럼 유영경은 당쟁의 소용돌이에 휘말려 죽음을 당했다. 그가 반대했던 광해군이 왕위에 올랐으니 죽음은 이미 예견된 것이나 마찬가지였다. 그리하여 광해군이 즉위한 직후부터 반대파인 대북 측에서는 벌떼같이 일어나 그를 사형에 처해야 한다고 주장했다. 즉 역신 유영경은 정승의 자리를 도적질하여 차지하고 궁중의 하인들과 서로 통해 재앙을 일으킬 마음을 속에 감추고 종묘사직을 위태롭게 하려고 했으니, 그 지극히 흉악한 대역부도의 죄는 머리카락을 뽑아도 다 세기 어렵다는 것이었다.

그러면서 그의 죄 열 가지를 열거했는데, 첫째는 그가 정승으로 있던 7년 동안 광해군의 세자 책봉을 명나라에 주청하지 않았고, 또 명나라 조정이 광해군을 의심하여 조사하고 대질하는 욕을 보게 했다는 것이었다. 결국 광해군이 세자로 책봉되는 것을 방해했다는 죄목이었다.

또 그 마지막 죄목은, 임금이 승하하면 그날로 자리를 잇게 되어 있고 나라가 위태롭고 의심스러울 때는 더욱 잠시도 늦출 수 없는 것인데, 광해군이 즉위하려는 때에 즉위를 늦추려고 일부러 곤룡포를 짜는 기간을 묻고 엿새 뒤까지 기다리자고 했다는 것이었다. 광해군의 세자 책봉을 막았을 뿐 아니라 즉위까지도 지체시켰으니 정말 지독하게도 미운

털이 박힌 것이다.

이에 마침내 영의정 이원익 등이 백관을 거느리고 대궐에 와서 그를 법에 따라 처단하라고 청하는 일까지 일어났다. 그러자 광해군은 "유영경은 선조先朝의 옛 신하다. 내가 차마 무거운 벌을 내리지 않은 것은 진실로 상정常情에서 나온 것이었는데, 경들이 온 나라의 공론을 토대로 백관을 거느리고 와서 여러 날 동안 주청하니, 이는 이른바 온 나라 사람이 모두 죄가 있다고 말하는 경우에 해당한다. 내가 감히 끝까지 비호하지 못하겠으니, 유배된 곳에서 자결하여 백성들의 노여움에 사죄하게 하라"라고 했다. 선조의 신하인 유영경을 차마 사형시킬 수는 없으니, 스스로 목숨을 끊게 한 것이다.

죄인을 죽이지 않고 유배지에서 자결하게 배려한 것은 전례가 없는 일이었다. 그리하여 의금부에서는 "죄인 유영경을 유배지에서 자결하라 했습니다. 전례에 사약을 받는 사람은 의금부의 낭관이 약물을 싸가지고 가서 전지傳旨를 유시하고 그대로 사약을 주어 죽게 했는데, 자결하게 하는 경우는 근거할 만한 전례가 없으며, 또 옛일을 들어서 아는 사람도 없습니다. 단지 의금부 낭청만을 보내 전지를 유시하고 자결하게 해야 합니까? 감히 여쭙니다"라 했다. 그러자 임금은 의금부 낭관을 보내 유시하고 자결케 하라고 명했다.

이렇게 해서 유영경이 자결하자 대북파들은 이번에는, "유영경은 한 사람의 역적일 뿐입니다. 정당한 형벌을 내리지 않고 단지 자결하게 했으니, 신인神人의 분함이 아직 쾌히 풀리지 않았습니다"라면서 그의 공신 작위를 박탈해야 한다고 주장하고 나왔다. 그러나 임금은 "사람에게 죄가 있을 때 죄는 죄이고 공은 공이니, 그 죄 때문에 그의 공을 깎아내리는 것은 타당하지 않을 듯하다"라면서 윤허하지 않았다.

대북파는 여기서 그치지 않고 한 발 더 나아가 이미 죽은 그를 능지처참에 처해야 한다고 주장하기에 이른다. 즉 "만약 형법에 실리지 않은 것을 핑계하여 이미 죽은 자를 베지 않는다면, 이 역적의 죄가 도리어 정여립 같은 무리의 밑에 있단 말입니까. 전일에 자결하게 한 것은 다만 당을 만들어 정치를 어지럽히고 원수를 잊고서 사귄 죄를 다스리기에 족할 뿐입니다. 사형을 가하지 않고 우두머리를 벌하지 않는다면 나라를 어지럽히는 신하와 역적 들이 장차 두려워하는 것이 없을 것입니다. 소급하여 법을 집행해서 귀신과 사람의 분함을 시원히 풀어주십시오"라 했다. 유영경의 자결로는 도저히 분을 풀 수 없으니 능지처참해야만 원통함이 풀릴 것이라고 주장했던 것이다. 그러나 임금은 "소급하여 전형을 시행한다는 것은 형서에 나타나 있지 않고, 일이 너무 심한 듯하니 어찌 군이 오늘날 해야 하겠는가"라면서 허락하지 않았다.

이처럼 유영경은 최영경과 마찬가지로 당쟁의 희생양이 되어 자결하기에 이르렀다. 여기서 나아가 능지처참의 위기에까지 몰리기도 했으니, 당시의 당파 싸움이 얼마나 치열했는지를 알 수 있다. 각 당파는 상대 파를 끝끝내 용서하지 않고 아예 뿌리를 뽑아버려야 직성이 풀릴 정도였으며, 이런 붕당과 극단적인 당파 싸움은 조선 사회를 안에서부터 갉아먹은 주된 폐해였다.

처남의 도움에도 살아남지 못한 이이첨의 장남

이대엽

　이이첨은 대북의 영수로서 정인홍 등과 광해군 대의 정국을 주도한 인물이었지만, 인조반정이라는 거센 역풍을 맞아 그와 아들 세 명이 처형되고 장남인 이대엽은 자살을 하는 등 멸문지화를 당했다.

　이이첨은 연산군 대의 권신으로 무오사화를 주도해 사림에게서 간신이라는 비판을 받은 이극돈의 5대손이기도 하다. 선조 말년에 세자인 광해군과 선조의 유일한 적통인 영창대군을 둘러싸고 후사 문제가 대두되자, 이이첨은 광해군의 옹립을 주장하면서 영창대군을 지지하는 유영경 등의 소북파를 공격하다가 임금의 노여움을 사서 갑산으로 유배되었다. 그러나 1608년 선조가 갑자기 죽고 광해군이 즉위하자 유배 도중에 돌아와 예조판서가 되었다.

그러나 얼마 가지 않아 유희분을 중심으로 재결속한 소북파에 패배하여 의주 부윤으로 좌천되었다가, 광해군 2년1610 정인홍의 지지에 힘입어 대사간으로 재기용되어 중앙 정계로 복귀했다. 사위 박자흥의 딸이 세자의 빈이 되면서 권세가 더욱 높아졌으며, 그 후 대북파와 광해군의 정치적 입지를 강화하기 위한 작업을 추진하면서 반대 세력을 완전히 제거하고자 강경책을 펼쳤다.

즉 광해군 4년1612 임자옥사를 일으켜 유영경을 처벌해 소북파의 기세를 꺾었고, 이듬해에는 계축옥사를 일으켜 영창대군의 외조부인 김제남 등 영창대군의 지원 세력을 축출하고 영창대군을 강화도로 유폐했다가 살해했다. 광해군 10년1618에는 정인홍의 반대에도 인목대비를 폐위하고 서궁으로 유폐하는 일을 주도했다. 그러나 이 일 때문에 인륜을 저버린 패륜아라는 여론의 지탄을 받고, 마침내 인조반정을 일으키는 빌미를 주게 되었다.

1623년 3월 12일 인조반정이 일어나던 날 이이첨은 가솔을 모두 데리고 남쪽 성을 넘어 영남 지방으로 도망가던 중 이천의 시골집에 숨어 있다가 군사들에게 체포되었다. 체포되어 구금된 지 4일이 지난 3월 19일에 그는 아들 홍엽, 익엽과 함께 백관들이 나열한 가운데 저자에서 참수되었다. 인조반정이 일어난 지 꼭 일주일 만이었다. 또 다른 아들 원엽은 순천 부사로 임지에 있었기 때문에 나중에 처형되었다.

이렇듯 이이첨과 그의 세 아들은 처형되었지만, 큰아들인 이대엽은 특별히 처형을 면하고 섬에 위리안치되었다. 그가 형제들과 동시에 처형되지 않자 많은 사람이 분개했다고 한다. 그는 아버지의 지원에 힘입어 홍문관 교리, 이조 좌랑, 사헌부 집의, 사간원 대사간, 성균관 대사성 등 요직을 두루 역임한 후 인조반정을 맞게 되었다.

이대엽이 다른 형제들과 달리 참형을 면할 수 있었던 것은 그의 처남이면서 반정공신인 신경유 형제 덕분이었다. 반정을 일으킨 지 4일 후에 신경진, 신경유, 신경인 형제가 땅에 엎드려 인조에서 청하기를, 이귀 등과 처음 의거를 약속할 때 이대엽의 죽음을 면해주기로 약속했으니 그를 살려달라고 한 것이다. 원래 임금은 승지와 사관이 없을 때는 신료를 만나지 못하게 되어 있었는데, 이때 신경유 등은 사관들이 없는 틈을 노려 함부로 궁전에 들어가서 이러한 청을 했다고 한다. 이것은 반정 직후 반정공신들이 얼마나 교만 방자했는지를 잘 보여주는 사례다.

신경유 형제의 청을 받은 임금은 그들이 과연 이러한 약속을 한 적이 있는지를 대신들에게 물었다. 그러자 이귀가 아뢰기를, "신이 이서와 더불어 박승종을 구제하기로 약속할 때 경진도 청하기를 '대의를 위해선 친속을 돌보지 않는다고 하지만, 대엽이 죽음을 면치 못하면 사정私情으로 보아 너무 박절하다' 하기에 신이 대답하기를 '대엽의 죄가 비록 국가에 관계되기는 하지만 그 아비와는 차이가 있으니 죽음은 면할 수 있을 것이다' 했습니다"라고 대답했다.

김류도 역시 "당초에 과연 그런 말이 있었습니다. 신 또한 대엽이 비록 죽을죄를 지었으나 좋은 방향으로 조처할 수 있다고 답했습니다. 지금 중의가 대엽의 죄가 이첨과 다름이 없으므로 결단코 용서할 수 없다고 하기 때문에 감히 아뢰지 못했습니다"라 했다.

이처럼 이대엽은 처남 신경유를 비롯한 핵심 반정공신들의 특별한 배려로 처형 위기를 모면할 수 있었다. 처남과 매부가 반정 세력과 타도 대상으로 갈려 서로 대립하게 되었으니 역사의 아이러니다. 그러나 이대엽은 처남을 잘 둔 덕에 당장의 죽음을 면할 수 있었다. 이것은 또한 반정 초기에 인조와 공신들의 역학관계를 잘 보여주는 것으로, 임금이 공신들에게 휘둘려서 그들의 무리한 요구를 수용할 수밖에 없었던 상황을 말해주고 있다.

신경유는 임진왜란 때 왜군을 막다가 충주 탄금대에서 몸을 던져 자결한 신립 장군의 아들로 무과에 장원급제한 무신이다. 인조반정에 공을 세워 정사공신 2등에 책록되고 동평군에 봉해졌다. 그의 집안은 아버지와 3형제가 모두 무과에 급제한 저명한 무신 집안으로 형제들이 모두 인조반정에 참여해 크게 출세했다. 그의 형 신경진도 무신으로서 인조반정에 참여해 정사공신 1등에 책록되어 나중에 영의정까지 지냈다. 동생 신경인도 정사공신 2등이 되고 삼도수군통제사 등을 거쳐 어영대장에 올랐다. 이기면 충신이요, 지면 역적이라고 하지 않던가. 이이첨과 신립 가문은 혼인으로 맺어진 인척이었지만, 반정으로 두 집안의 운명은 극명하게 갈렸다.

이대엽을 살려준 일에 대해 뒷날의 사관은, "역적을 징벌하는 법은 지극히 엄하고도 중대한 것이라, 임금 또한 한때의 사심으로 좌우할 수 없다. 이대엽의 죄악은 실로 종사에 관계되는 것이므로 여러 역적과 함께 사형을 받아야 했다. 어찌 하찮은 약속 때문에 사면할 수 없는 죄를 용서하여 국법을 무너뜨릴 수 있겠는가. 개혁 초기에 이처럼 사심으로 공의를 무시하는 일이 있으므로 식자들이 모두 걱정했다"라고 비판했다.

그를 죽이지 않고 위리안치에 그치자 대간을 비롯한 중신들은 일제히 임금이 사사로운 정으로 그를 살려준다고 공격했다. 당시에 승정원에서는 "이대엽은 이이첨의 아들로서 폐모론에 대해 팔을 걷어붙이고 나서서 담당했으며, 오랫동안 이조를 차지하고 앉아 흉당을 두루 심었으니, 그 죄가 이첨보다 못하지 않고 익엽 등에 비교할 바가 아닌데, 지금 안치의 명이 내려 형법이 시행되지 않으므로 중의가 분개하고 있습니다.

법대로 형을 집행하십시오"라 하여 그가 폐모론의 주동자이므로 처형해야 한다고 주장했다. 그러면서 승정원에서는 또한 신경유가 사사로운 생각으로 임금의 뜻을 어지럽혔으니 엄중하게 추고해야 한다고 건의했다. 그러자 인조는 이대엽 한 사람이 비록 사면을 받은들 무슨 방해될 게 있겠느냐면서 그의 처형을 거부했다.

그럼에도 대간 등의 신하들은 처형 요구를 멈추지 않았다. 그러나 임금은 "신경진 형제 세 사람이 앞장서서 거사한 공로가 지대한데, 오히려 매부 한 사람도 보전시키지 못한다면 대단히 면목이 없는 일이다"라거나, "이이첨의 부자 다섯 사람 가운데 이미 넷을 죽였으니, 자식 한 사람을 용서해준다 하더라도 그리 큰 관계는 없을 듯하다"라면서 신하들을 달래려고 했다. 그래도 신하들은 밀리지 않고 파상적인 공세를 퍼부었다. 승지 한여직은 "처음에 사사로이 약속했다 하더라도 지금은 조정에서 죽이기를 청하고 있으니 결코 용서할 수 없습니다"라 했다.

상황이 점점 더 악화되자 임금도 더는 버티지 못하고 4월 20일에 결국 이대엽을 사형에 처하라는 명을 내렸다. 옥중에서 이 소식을 들은 이대엽은 스스로 목숨을 끊었다. 그의 아버지와 형제들이 참수된 지 겨우 한 달 만의 일이었다. 매부의 적극적인 구명 운동으로도 죽음을 피해 갈 수는 없었다. 그가 자살하자 의금부에서는 추형能遲處斬 같은 추가 형벌할 것을 청했으나 임금이 윤허하지 않았다. 게다가 죽은 후에도 그에 대한 비난이 끝나지 않아, 5월 12일에는 차술借述, 즉 대리시험으로 부정 합격했다는 이유로 그의 중시 급제가 취소되었다. 이대엽은 광해군 4년 증광시 문과에 급제한 뒤, 광해군 8년에는 문과 중시에 급제한 바 있었다.

한편 이이첨의 딸 한 명도 자살을 했다. 인조 10년에 경기도 관찰사 김경징이 그의 여종 칠향을 고발한 사건이 있었다. 즉 칠향이 옛 주인의 사주를 받고서 몰래 그의 집을 모조리 없앨 꾀를 내어 부엌, 굴뚝, 기둥, 지붕에다 흉측한 물건을 묻어두었는데, 이 때문에 김경징의 어머니의 병이 위독해졌다며 고발했다. 그런데 이 일을 사주한 것으로 지목된 옛 주인이라는 사람이 바로 이이첨의 딸이자 인조반정 직후 자살한 박자흥의 아내인 이씨와, 그녀의 시아버지인 박승종의 동생 박승황의 아내였다.

인조는 사주한 자를 잡아다 국문해서 공신을 모해하고 살인을 도모한 죄로 다스리라고 의금부에 명했다. 이씨는 자신을 잡아들이라는 명이 내려졌다는 말을 듣자 즉시 자살했고, 박승황의 아내 말질정은 국문을 받던 중에 곤장을 맞고 죽었다.

이 사건을 전한 뒷날의 사관은 두 사람이 칠향을 사주한 것이 아닌데도 공신 김류 집안과 관련된 사건이라 아무도 이의를 제기하지 못함으로써 죽음에 이르게 했다고 비판했다. 김경징은 인조반정을 주도한 김류의 아들로, 아버지와 함께 반정에 참여한 공으로 정사공신 2등에 책록된 인물이었다. 이처럼 두 여인은 남편 집안의 죄 때문에 연좌되어 종으로 전락했다가 죽음에까지 이르렀으니, 참으로 애석한 일이다.

문종 1년 9월에 성절사聖節使(중국 황제나 황후의 생일을 축하하기 위해 보내던 사절)로
명나라에 파견되었다가 귀국하던 박이창이 평안도 신안역에 이르러서
차고 있던 칼로 목과 배를 찔러 자살하는 사건이 일어났다. 평안도 관찰
사가 그가 빈사 상태에 빠졌다고 보고하자 임금은 의원과 그 조카인 직
장 박증에게 말을 주어 현지로 보내 치료하게 했다.

박이창은 대제학을 역임한 박안신의 아들로, 태종 17년1417 식년시 문
과에 급제한 후 세종 대에 세자시강원 주서注書를 시작으로 사헌부 지
평, 좌부승지, 공조 참판, 황해도 관찰사를 역임했다. 1451년 문종이 즉
위하자 형조 참판과 평안도 관찰사가 되었다가 성절사로 명나라에 파
견되었다.

이 사건이 일어나기 전에는 중국으로 가는 사신이 양식과 경비로 쓰도록 사신이 지나가는 곳의 관찰사와 수령 들이 곡식을 주게 했었다. 그러나 그 폐단이 많아서 조정에서는 사신이 휴대하는 곡식의 수량을 다시 정했는데, 박이창이 처음으로 그 금령을 범했다. 이에 관계 기관에서는 의금부 관리를 파견해 귀국하는 그를 체포해 데려오게 할 것을 청했다. 임금은 그가 돌아오는 것을 기다려서 국문하려고 했으나 신하들이 재차 청하자 윤허했고, 이 소식을 전해 들은 박이창은 이를 부끄럽고 분하게 여긴 나머지 자살을 한 것이다.

그는 죽기 직전에 동행했던 사신 일행인 서장관 이익에게 말하기를, "이 늙은 신하가 본래 오명이 없어 장차 충성을 다할 것을 기약해왔다. 당초에 곡식을 정한 수량만큼만 가져가려고 했는데, 종사관들이 모두 말하기를 '지금은 마침 장맛비가 내릴 때인데 만약 요동 땅에 들어가서 수재를 만나 중도에서 체류하게 된다면 양곡이 다하여 반드시 굶어 죽을 것이다'라며 더 가져갈 것을 청했고, 나도 그렇게 생각되어 40두를 더 가지고 갔다. 그리고 이를 장차 보고하려고 했다. 이제는 이미 국법을 범했으니 장차 무슨 면목으로 성상을 알현하며 또 무슨 낯으로 다시 대신들을 만난단 말인가? 반복하여 생각해보았으나 스스로 죽는 것만 같지 못했다"라고 말했다.

그러고는 이어서 말하기를, "내가 의주에 이르렀을 때 자살할 계획이 이미 정해져 있었으나 호송하는 중국 사람이 너무 많아서 저들까지 알게 할 수는 없는 일인지라 여기까지 와서 이와 같이 한 것이다"라고 했다.

그가 죽었다는 소식을 들은 문종은 승정원에 전교하기를, "박이창이 범법한 것을 마음에 부끄럽게 여겨 자살하기에 이르렀으니, 내 마음도 측은하게 여긴다. 만 리 길에 몹시 고생한 사람이므로 나는 처음에 사람을 보내면서까지 잡아 오려고 하지는 않았는데, 신하들이 강력하게 청하므로 억지로 좇았더니 지금에 와서 뉘우치게 되었다. 그 제문을 모름지기 이러한 뜻을 갖추어서 짓고 또 부물賻物(초상에 내리는 물건이나 돈)을 후하게 줄 것이며, 그 일행이 범한 일도 아울러서 탄핵하지 말라" 하고 명했다. 그러면서 호조에 일러 특별히 부물로 쌀과 콩 80석과 관곽棺槨과 종이 100권을 내리라고 명했다.

박이창의 자살을 매우 애석하게 여긴 문종의 심경은 그에게 내린 다음의 제문에도 잘 표현되어 있다. 즉 "생각하건대, 경은 타고난 성품이 뛰어나고 행실이 곧았다. 글을 읽고 과거에 올라 벼슬길에 들어와서는 중요한 관직을 두루 밟았다. (…) 경에게 사신의 노고를 부탁하여 중국으로 공물을 받들고 가게 했다. 우연히 금령에 저촉되었으나 그 정실情實은 조심하는 데 있었다. 그러자 관계 기관에서 경을 신문해야 한다고 주청했다. 나는 이것이 무슨 관계가 있느냐고 했지만, 결국에는 신하들에게 의견을 물었고 우선 법사法司에서 말한 것을 좇아서 윤허했더니, 경의 수치스러운 마음을 불러일으켜 생명을 버리고 결백을 보이게 된 것이다. 경의 굳은 지조는 내가 아는데도 여기에 이르게 한 것은 실상 내가 이렇게 만든 것이다. 왕명을 받고 나갔다가 시체를 싣고 돌아왔으니, 유명을 달리하는 사이에 의를 등진 것이 실로 많구나. 후회하여 미칠 바 없으니 내 마음을 어이하랴? 이에 호상護喪할 것을 명하여 상여는 선영先塋 아래로 돌아가게 했고, 모든 부물을 내림에서도 상식常式에 더함이 있노라. 사람을 보내 가벼운 치전致奠(사람이 죽었을 때 슬퍼하는 뜻을 나타내는 제례)을 베풀어서 나의 부끄러움과 슬픈 마음을 펴는 바이니, 영혼이 있으면 경은 이 심정을 알지어다"라 하여 애도의 뜻을 극진하게 표했다.

이처럼 박이창에게 우대를 하자 사간원에서 이를 반박하고 나섰다. 사간원 우정언 윤서는 임금에게 "성절사 박이창이 길에서 자살했으니, 아무 지각도 없는 필부필부라면 죄의 경중을 몰라서 그렇게 했으니 진실로 따질 것이 못 될 것입니다. 그러나 박이창은 한 나라의 대신으로서 그 일의 시비와 죄의 경중과 국법의 대체大體를 어찌 모르겠습니까? 복명復命한 뒤에 죄가 있으면 그 문책을 달게 받아야 할 것이요 범한 바가 없으면 변명해 벗어나는 것이 마땅한데도 무단히 자살하고 말았으니, 거만함과 원망의 뜻이 없지 않으니 이는 유달리 신하로서 직분을 잃은 것입니다. 청컨대 고신告身(관직 임명장)을 빼앗고, 은혜를 더하지 마십시오"라고 하여 관직을 삭탈하고 부물 등을 하사하지 말 것을 주청했다.

이에 문종은 "박이창의 일은 그대의 말이 옳다. 그러나 박이창이 어찌 다른 생각이 있었겠느냐? 다만 오명을 얻은 것을 부끄럽게 여긴 것이다. 그 범한 일이 본래 중한 일은 아니었는데 다만 법을 세운 후 처음으로 범한 까닭에 사람을 보내 잡아 오게 한 것인데, 일이 이 지경에 이르러 내가 후회하고 있다. 왜 군이 고신을 빼앗고 은혜를 감하겠느냐?"라 답했다.

그러자 윤서는 다시 말하기를, "박이창이 한 나라의 대신으로서 사신의 명을 받들고 중국에 갔다가 돌아와서 복명하지 않고 자살까지 했으니, 여기에는 거만하고 원망하는 뜻이 있는 것이니 이는 곧 불충입니다. 이 불충한 사람을 고신도 빼앗지 않고 은혜도 감하지 않고서 그대로 대신의 대열에 둔다면, 국가의 대체가 어찌 되겠습니까? 박이창의 죽음은 반드시 까닭이 있을 것입니다. 중국에 들어갈 때 크게 범한 것이 있어서 그렇게 했는지 어찌 알겠습니까? 이 역시 신들이 다 같이 의심하는 바입니다. 이 행차에 수종했던 모든 사람도 용서해 풀어주지 말고 끝까지 조사하여 그 사실을 파악하는 것이 어떻겠습니까?"라 했다.

그러나 문종은 여전히 "박이창의 일은 내가 뉘우치고 있는데, 어찌 여기에서 다시 죄를 가하겠느냐? 또 수종한 사람들을 조사했으나 불과 100여 필의 포목을 함부로 무역했을 뿐이다"라면서 뜻을 굽히지 않았다.

이렇듯 박이창은 사신으로 파견되었다가 법을 어겨 처벌을 받게 되자 자살을 했는데, 이를 통해 그의 명예심이 대단히 컸고 당시 조정의 법 운용이 비교적 엄격했음을 알 수 있다.

연좌, 악법의 잔인한 올가미

연좌제緣坐制는 범죄자와 일정한 친족 관계에 있는 자에게 연대적으로 그 범죄의 형사 책임을 지우는 제도로 우리나라에서는 삼국시대부터 행해졌다. 조선시대에는 《대명률大明律》을 형법의 일반법으로 적용했으므로, 가장 중대한 범죄인 모반국가나 군주의 전복을 꾀함이나 대역왕권을 범하거나 임금, 어버이를 죽이거나 종묘, 궁궐, 왕릉을 범하는 행위 등의 연좌는 형률 도적의 조문이 적용되었다.

즉 모반대역 죄인은 능지처참하고 아버지와 16세 이상의 아들은 교형, 16세 미만의 아들과 어머니, 처첩, 조손, 형제자매 및 아들의 처첩은 공신가功臣家의 종으로 삼고 모든 재산을 몰수하며, 백숙부, 조카는 동거 여부를 불문하고 유流 3천 리의 안치형에 처했다. 다만 남자로 80세 이상인 자와 중병에 걸린 자, 여자로 60세 이상인 자와 중병에 걸린 자, 정혼한 남녀, 자손으로서 양자로 출계한 자는 연좌제를 면제했다.

그리하여 조선시대 초기부터 일단 반역죄가 발생하면 연좌자가 수백 명에 이르렀으며, 노비로 삼거나 유배할 때도 서로 쉽게 내통하지 못하게 하기 위해 멀리 분산시키는 것이 상례였다.

영조 4년1728에 정권에서 밀려난 소론과 남인이 일으킨 무신란의 주모자 중 한 사람이었던 민원보는 숙종 대에 성균관 대사성을 지낸 민창도의 아들인데, 역적으로 몰려 국문을 받다 죽었지만 그의 가족도 연좌되어 죽음을 당하거나 자살하는 등 막심한 피해를 입었다.

영조 5년 5월 의금부의 보고에 따르면, 민원보의 아들 민복효와 민득효는 연좌해 교형에 처했고 그의 아내와 딸은 종으로 삼게 했다. 그리고 어머니는 나이가 70이 넘어 '부인의 나이 60세 이상이거나 불치병을 앓는 사람은 논하지 않는다'는 규정에 따라 처벌을 면했다.

그러나 이 때문에 민원보의 며느리 세 명이 한꺼번에 자살을 했다. 즉 그의 아들 민덕효의 아내 신씨, 민득효의 아내 이씨, 민복효의 아내 나씨가 종으로 삼으라는 관청의 공문서가 내려가는 날 일시에 목을 매어 자살했다. 이에 비밀을 철저히 지키지 못한 잘못으로 충주 목사는 처벌을 받았다. 그 밖에도 민원보의 원족遠族인 7촌까지의 친척들이 모두 귀양에 처해졌다.

한편 영조 21년1745에 반역을 도모한 죄로 역적으로 몰려 죽은 이색의 아들 이적일은 평안도 남포에서 거주했기 때문에 영조 31년에 남포에서 잡아 가두었다. 그런데 그는 부평 부사 정석교가 장교를 보내 잡아 오게 해서 옮겨다 가둔 이튿날에 옥중에서 죽었다. 그 죽음을 조사해서 올린 부사의 장계에는 그가 병으로 죽었다고 기록되어 있었다. 그러나 장계로 보고한 내용이 매우 괴상하고 의아하여 강직한 관원을 보내 다시 조사하게 했더니 이적일이 독약을 마시고 자살한 것이 드러났다. 그리하여 부사 정석교는 엄중한 처벌을 받았다.

연좌제는 인간 사이의 윤리를 저버리게 하는 일까지도 벌어지게 했다. 영조 31년1755 나주 괘서 사건윤지가 나주 객사에 붙인 벽서와 관련하여 일어난 역모 사건으로, 소론 일파가 노론을 제거하기 위해 나라를 비방하는 글을 나주 객사에 써 붙이고 노론 쪽의 행위로 꾸몄으나 윤지의 소행임이 드러나 오히려 소론이 화를 입음으로 소론이 역적으로 몰려 몰락할 때, 외할아버지가 역적으로 몰리자 홍정보는 양자의 적을 버리고 본종本宗으로 돌아감으로써 부자의 윤리를 끊어 버렸다. 또 원경렴은 장인이 역적이 되자 죽은 아내와 이혼하여 부부의 윤리를 무너뜨렸다. 이성중은 그 누이가 역적의 아내로서 연좌를 당하자 자살을 했는데, 누이가 자살한 날 술과 고기를 먹으며 이야기를 나누고 웃는 등 보통 때와 다름이 없어 사람들에게 비난을 받았다.

이런 일이 일어나자 영조 32년에 사간원 정언 윤시동은, "원경렴은 자신에게 누가 될까 염려하여 죽은 아내와 이혼해 억지로 나라의 법에 벗어난 일을 행함으로써 오륜의 하나를 무너뜨렸으니, 옛말에 이른바 '잔인하고 야박한 행실'이란 바로 이런 사람을 두고 이른 말입니다. 이성중은 동기간이 노비가 되는 것을 원치 않아 자살하게 방임한 것은 그래도 혹 용서할 수도 있겠습니다만, 이미 죽은 뒤라면 애달파하고 슬퍼하는 것은 마땅히 상정常情이 참을 수 있는 바가 아닙니다. 그런데도 친구를 찾아가서 아무런 일이 없는 듯이 술과 고기를 먹으며 이야기하고 웃었으니, 도무지 사람의 도리가 아닙니다"라고 했다. 그러면서 홍정보는 먼 곳에 유배를 보내고, 원경렴은 관직 명부에서 삭제하며, 이성중은 관작을 삭탈하라고 주청했으나 윤허를 받지는 못했다.

연좌제는 오늘날에는 사라진 법이지만, 근대 이전까지는 우리나라뿐 아니라 전세계에서 법의 이름으로 시행된 불합리한 제도였다. 그러나 근대 이후로도 식민치하 또는 독재 정권하에서는 여전히 악용되기도 했다. 먼 친척의 죄 때문에 앞길이 영영 막혀버린 채 죄인 취급을 당한 이들이 얼마나 많았겠는가. 특히 조선 사회는 가문과 혈연을 중시했기에 이러한 연좌의 폐단은 오랜 세월 사라지지 않았다.

3장

여인들의
한스러운 자결

자살이냐 병사냐

　신숙주는 계유정난의 공신이자 훈구파의 중심인물로, 그의 부인 윤씨의 자살 여부에 대한 논란은 예전부터 제기되어왔다.

　신숙주는 세종 20년1438 생원, 진사시에 합격했고 이듬해 친시 문과에 급제해 전농시 직장을 지냈다. 1441년에는 집현전 부수찬이 되었으며, 1443년에는 사신의 일원인 서장관으로 일본에 가서 우리의 학문과 문화를 과시하는 한편, 산천의 경계와 요충지를 살펴 지도를 작성하고 일본의 제도, 풍속 등을 기록한《해동제국기海東諸國記》를 지었다. 돌아오는 길에는 쓰시마 섬에 들러 세견선을 50척, 세사미두를 200섬으로 제한하는 내용의 계해약조를 맺었다. 이후 집현전 수찬을 지내면서 세종의 뜻을 받들어 훈민정음 창제에 심혈을 기울였다.

문종 2년1452 수양대군이 사은사로 명나라에 갈 때 서장관으로 수행하면서 그와 깊은 유대를 맺은 신숙주는 1453년에 수양대군이 주도한 계유정난에 참여해 정난공신 1등에 오르고 이듬해 도승지로 승진했다. 1455년 세조가 즉위하자 다시 좌익공신 1등에 고령군으로 봉해지고 예문관 대제학으로 임명되었으며, 새 왕의 즉위를 알리는 주문사奏聞使의 임무를 맡아 명나라에 사신으로 갔다가 이듬해에 귀국했다. 이어서 병조판서, 우찬성, 대사성 등을 지냈다.

세조 2년1456에 성삼문 등의 단종 복위 계획이 발각되자 그는 정승들과 함께 단종을 서인으로 만들 것을 건의했고, 단종과 금성대군의 처형을 강력히 주장해 이를 관철시켰다. 1457년 이후 우의정을 거쳐 좌의정에 오르고 1462년에는 영의정이 되었으며, 1468년에 예종이 즉위하자 원상院相으로서 국정을 이끌었다. 이해에 남이를 숙청한 공으로 익대공신에 봉해졌다. 성종 2년1471에는 다시 좌리공신에 책록되고 영의정을 맡았다.

그는 수양대군의 왕위 찬탈에 가담하고 이후 고위 요직을 거치는 등 사육신과 뚜렷이 구별되는 삶을 살았기 때문에 후대에 변절자로 비판을 받기도 했다.

신숙주의 부인 윤씨의 자살설은 이미 조선 성종 대에 남효온이 쓴《육신전》에서 최초로 언급되었다. 그 후 일제강점기에 윤씨의 자살을 다룬 소설 여러 편이 나오기도 했다. 그 가운데 하나는 신인범이 쓴〈사상삽화, 만고 의부 윤 부인史上揷話, 萬古 義婦 尹夫人〉으로, 여기에서 작가는 윤 부인이 남편에게 실망하여 독을 마시고 자살했다고 묘사했다.

삶이란 인생으로써 무엇보다 가장 욕심내는 것이다. 온갖 고생 갖은 천대와 싸우면서도 100세를 살지 못해 애를 태우는 것이 인정의 상도인데, 남편은 정난공신이 되어 앞날의 부귀가 한량이 없고 용龍과 봉鳳 같은 아들을 여덟이나 두었고 자기도 쉰이 채 넘지 못하여 한창 재미로운 생활, 한창 등양騰揚하는 생활을 할 행운을 맞은 이가 죽음 중에도 몸서리칠 음독자살로 최후를 맞고 모든 인간이 끝없이 부러워하는 부귀도 헌신짝같이 버린 여자는 단종 사변에 중대 관계를 가졌던 인물 신숙주의 부인 윤씨다.

단종의 애사哀史와 세조 등극의 이면에 가지가지로 싸인 사실은 이미 세상이 아는 바이라 더 말할 필요가 없거니와 신숙주가 집현전 학사로 세종 대왕의 지우知遇를 지극히 받아 단종이 탄생하셨을 때 경회루 하례하는 잔치에서 태산같이 무거운 부탁을 받고 감격한 눈물을 흘린 것도 이 윤 부인은 알았다. 문종 대왕이 당신의 병환을 서러워하시고 세자의 어리심을 근심하시며 여러 대군의 강성함을 걱정하시어 부왕 때부터 심복 고굉지신股肱之臣(임금이 가장 신임하는 신하)으로 믿어오던 사육신과 신숙주 이외 몇 인물을 편전으로 부르셔서 술을 주시고 세자를 부탁하실 때 신숙주가 술이 취하야 지척 천폐天陛(국왕이 있는 궁전의 섬돌)에서 방자히 잠든 것을 죄주지 않으시고 도리어 그가 추울까 염려하사 입으셨던 털두루마기로 덮어주신 일까지 이 윤 부인은 알기 때문에 자기 남편이 나랏일에 힘쓰기를 항상 권했고 자기의 잡은 의리의 마음도 남편인 신숙주보다 더한층 굳어졌다.

단종이 선위하고 세조가 등극할 때도 신숙주의 행동이 다른 사람과 달라 한명회와 권남의 무리에게 붙은 흔적이 있어 지기들의 의심이 없지 않음을 알고 이 윤 부인은 항상 자기 남편을 나무라기도 하고 독려도 하여왔다. 세조 등극한 지 2년 병자 6월에 사육신 등이 단종의 복위를 도모할 적에 성삼문은 신숙주와 사생휴척死生休戚(죽음과 삶, 편안함과 근심)을 같이할 정분도 있고 세종이나 문종에게 지우를 받음이 똑같은 까닭으로, 신숙주에게 흥망사생이 재차 일거한 중대한 이야기를 서로 통하여왔다. 아무리 규중에 있는 윤 부인이

지마는 원래 의리가 있고 성삼문의 잡은 맘을 아는 터라 이번 일에는 자기 남편도 성삼문과 한 가지 되면 되고 망하면 망할 줄을 철석같이 믿었고 신숙주 자신도 자기 부인과 사불여의하거든 죽으리라는 맹세까지 했다.

쇠를 녹일 듯한 유월 염천에 세조를 해내려던 계획이 미연에 발각되어 성삼문 이하 유신들을 모조리 악형하고 그 집까지 몰수한다는 소문이 윤 부인 귀에 들어왔다. 의리의 잡은 마음 없이 이해로만 끌리는 이 같으면 창황 망조한 빛도 띠었을 것이지마는 대의를 앞세우고 흥망을 개의치 않는 윤 부인이라 그날 일이 그렇게 되는 것을 도리어 당연으로 알아 그야말로 자기 남편도 다른 사람과 같이 죽을 것을 영화로 알았기 때문에 태연자약하게 아들들을 불러 세우고 대의를 들어 편안한 태도로 훈시하고 군자가 사생의 경우에 구차하지 않아야 할 것을 훈시했다. 이때 이 부인은 도리어 웃음을 띠었었다. 자기네 집이 유방백세할 것을 즐겼던 까닭이다.

무지개 뻗치는 듯한 정성 서리같이 찬 생각으로 금부나졸이 올 것을 기다리던 그 부인은 의외에도 남편이 호화롭게 살아 돌아오는 것을 보고서 웃던 얼굴에 분한 빛이 떠오르고 평안하던 생각이 다시금 어수선하여, "대감 어찌 살아 나오슈" 하고 의심스러운 눈치로 쳐다보며 물었다. 이 물음을 듣는 신숙주의 생각도 그때는 찔렸으리라. 아까 평생지기 성삼문의 악형을 뻔뻔히 보고 지금 자기 아내에게 청천벽력 같은 질문을 받는 그 찰나의 마음…… 신숙주는 고개를 숙이고, "팔룡 때문에 어찌하우" 가만히 대답했으니 자기 아들 8형제가 불쌍하다는 정을 물어 자기 아내에게도 모자의 정을 자아내어 그의 분노를 끄려는 수단이다. 그러나 이 윤 부인이 그 수단에 넘어갈 리 있으랴. 자기 남편이 사랑으로 나감을 타서 미리 준비했던 약을 마시고 조용히 옳은 길을 밟은 것이다.

〈사상삽화, 만고 의부 윤 부인〉(《별건곤》 제60호, 1933년 2월)

이처럼 신인범은 윤씨가 남편 신숙주가 성삼문 일행을 배반하고 살아남은 것을 부끄럽게 여겨 자살한 것으로 묘사하고 있다. 이 글이 실린 《별건곤》은 1926년 11월에 창간된 월간 문학잡지로, 1934년 3월에 통권 101호를 끝으로 폐간되었다. 1920년부터 발행된 《개벽》의 뒤를 이어 개벽사에서 펴낸 잡지로, 야사, 기행문, 소설, 시 등을 싣는 '취미 잡지'라고 했으나 그 내용으로 보아 결코 단순한 취미 잡지만은 아니었다.

1930년대에 설립된 세창서관에서 발행한 작자와 연대 미상의 신소설인 《만고의열萬古義烈 신숙주부인전》도 윤씨의 자살을 다루고 있다. 그 소설의 줄거리는 다음과 같다.

밤이 깊어 신숙주는 초췌한 얼굴로 대궐에서 돌아온다. 윤씨 부인은 남편의 표정을 보고 수양대군이 단종을 상왕으로 만들고 정변을 일으켰으리라 짐작한다. 신숙주가 문종에게서 받은 갖옷을 어루만지며 눈물을 흘린다. 갖옷은 문종이 임종 시 집현전 학사에게 어린 단종을 부탁하며 내린 하사품이다. ……어린 단종이 왕위에 오르자 수양대군은 주위 세력을 모아 김종서 등 반대 세력을 처형하고 왕좌를 차지한다. 세조는 신숙주의 문장과 재주를 사랑하여 자기에게로 돌아설 것을 요구한다. 신숙주는 여덟 아들의 목숨을 위해 세조를 따르겠다고 약속한다. 성삼문 등은 세조를 죽이고 단종을 다시 임금으로 세우고자 한다. 그러나 여기에 가담했던 김질이 장인 정창손을 통해 이 사실을 밀고하여 피의 숙청이 계속된다. 평소 성삼문과 가깝던 신숙주는 자신의 비열함을 탄식하며 괴로워한다. 신숙주는 부인 윤씨에게 자신이 절개와 지조를 저버린 것을 고백하려 하나 차마 하지 못한다. 성삼문과 박팽년 등이 곤장을 맞으면서도 오히려 세조를 꾸짖자 결국 이들은 노들강 건너편 새남터로 끌려간다. 신숙주는 자신의 비굴함을 부끄러워한다. 한편 바느질하던 윤씨 부인은 학사들이 단종의 복위를 기도하다 발각되어 새남터로 잡혀갔다는 하인의 말을 듣고 남편을 따라 죽을 준비를 한다……

윤씨의 자살설은 이광수의《단종애사》에도 실려 있다. 여기에서 이광수는 신숙주의 부인이 사육신 사건에 가담하지 않은 남편에게 실망해서 자살한 것으로 묘사하고 있다.

그러나 이러한 자살설을 부정하는 평자들도 많았다. 특히 소설가 김동인은 〈춘원연구(10)〉《삼천리문학》제2집, 1938년 4월)에서 이광수가 윤씨 부인이 자살했다고 서술한 것을 정면으로 반박했다. 그는 이광수의《단종애사》는 이런 남효온의《육신전》을 골자로 삼아 쓴 이야기로,《육신전》이 가진 모순과 오류까지도 검증과 수정이라는 과정을 거치지 않고 그대로 계승했다며《육신전》을 신랄하게 비판했다. 즉 성종조에 남효온이란 문사가 당시 상왕단종을 따라 죽은 성삼문, 박팽년 등 사육신의 충렬에 감동해서 쓴 기록은 원체 전해 들은 이야기에 의지하여 쓴 것이니만큼 오류도 많거니와 육신의 충성을 말하려니까 상왕을 폐위, 강봉降封, 사약을 내린 세조에 대한 왜곡도 많았다. 그러므로 남효온의《육신전》은 육신의 충심을 찬양하기 위해 쓴 일개 소설이므로, 사실과는 다르거나 상반되는 점이 많다는 것이다.

김동인은 그러면서 남효온이 "병자년1456 정월에 병사한 신숙주 부인 윤씨를 소설화하여 '성삼문, 박팽년 등은 죽었는데, 신숙주는 의기양양하게 집으로 돌아오므로 윤 부인은 이를 부끄러이 여겨 목매 죽었다' 등 6월에 자살한 것같이 만들었다"라고 비판했다.

근래의 역사학자들이나 평자들도 대체로 자살설을 부정하는 분위기다.《조선왕조실록》이나《고령 신씨 세보》에 따르면 사육신이 옥사1456하기 5개월 전에 윤씨 부인이 이미 세상을 떠났으며, 이때 신숙주는 중국에 사신으로 가 있어 부인의 죽음을 알지 못했다. 따라서 자살설에 반대하는 이들은 《단종애사》 등의 작품은 역사적 사실과는 전혀 다른 속설을 바탕으로 창작된 듯하다고 주장하고 있다.

윤씨 자살설을 부정하는 중요한 근거로 제시되는 《조선왕조실록》을 보면, 윤씨 부인은 세조 2년1456 1월에 사망한 것으로 나온다.

> 임금이 대제학 신숙주의 처 윤씨의 병이 위독하다는 말을 듣고, 그 오빠인 동부승지 윤자운에게 약을 가지고 가서 치료하게 했는데, 갑자기 부음을 듣고 임금이 놀라고 애도하여 급히 철선撤膳(국상 등이 있을 때 임금이 근신하기 위해 고기반찬을 먹지 않던 일)하게 했다. 어찰御札로 승정원에 교시하기를, "대제학은 다른 공신의 예와 다르고, 또 만 리 외방에 있으며 여러 아들이 다 어리니, 나의 슬프고 측은함을 다 진술할 수가 없다. 승정원에서 조치하여 관官에서 염장하게 하며, 또 관원을 보내 치제하는 등의 일을 자세히 아뢰게 하라" 하고, 관곽, 쌀과 콩 50석, 종이 70권, 석회 50석, 송진 3두, 기름종이 4부部를 내려주었다. 또 신숙주의 매부인 사재감 정 조효문에게 호상護喪하게 하고, "상사喪事의 모든 일은 네가 가서 항상 보고 곡진하게 조치하되, 일에 따라 보고하라" 하고 명했다.
>
> 《세조실록》 권3, 2년 1월 계사

이 기록을 보면 당시에 신숙주는 사신으로 명나라에 가 있었으며, 그 사이에 윤씨가 병으로 죽었다고 나와 있다. 실록에 따르면 신숙주는 세조 1년1455 10월 24일경 주문사로서 명나라에 갔다가 이듬해 2월 21일 경에 돌아왔다.

그런데 이 기사만을 근거로 윤씨 자살설을 부정하는 것은 무리가 있

여인들의 한스러운 자결

다. 우선 기사의 내용이 과연 정확한 사실을 전하고 있느냐를 따져야 하고, 또 이 내용을 그대로 믿는다 하더라도 윤씨의 병사를 확증할 수 있느냐도 문제다.

자살설을 부정하는 이들은 신숙주가 부재중일 때 부인이 자살할 리 없다고 하는데, 이것은 설득력이 떨어지는 이야기다. 남편이 집에 있어야만 아내가 자살하는 것은 아니지 않은가. 또 실록에는 윤씨 부인이 병을 앓다가 갑자기 죽었다고 했는데, 왜 갑자기 죽었는지 그 사인에 대해서는 언급이 없다.

그리고 자살설 부정론자들은 남효온, 이광수 등이 윤씨가 실제로는 1월에 죽었는데, 사육신 사건 직후에 죽은 것으로 하기 위해 6월에 죽은 것으로 조작했다고 주장한다. 그러나 윤씨가 1월에 죽었다는 기록의 진위 여부는 논외로 하더라도, 그 사실이 자살을 부정할 근거가 될 수는 없다. 윤씨 부인이 죽음을 결심한 시점이 반드시 사육신 사건 직후가 아니라 계유정난으로 수양대군이 왕권을 찬탈한 시기부터라고 추정할 수도 있으니 말이다.

또한 윤씨 부인이 자살했다고 하더라도 그대로 실록에 기록할 수는 없었을 것이다. 《세조실록》은 신숙주가 생존해 있던 예종 1년1417에 편찬을 시작해 성종 2년1471에 완성되었다. 실록 편찬이 시작되었을 때 신숙주는 원상으로 국정의 중심에 있었고, 완성될 당시에는 영의정으로 재임하면서 실록 편찬의 최고 책임자인 영춘추관사를 겸임하고 있었다. 따라서 《세조실록》에는 신숙주의 입김이 크게 작용했을 것이고, 특히 자기 부인이 자살했다는 기록을 그대로 둘 리 없었을 것이다. 마침 《세조실록》 편찬 당시에는 사관이 사초를 위조하려다 적발된 민수사옥閔粹史獄이 일어나 실록의 신빙성에 커다란 의문을 던져준 일도 있다. 역사학자들도 대체로 《세조실록》은 기사 내용에 제약이 많고, 편찬자의 의도가 많이 개입된 것으로 보고 있다.

이렇게 본다면, 윤씨 부인이 자살하지 않고 병사했다고 보기에는 어딘가 미심쩍은 구석이 있는 게 사실이다. 만약 윤씨의 자살 이야기가 속설이라 하더라도 그러면 왜 이러한 속설이 생겨났느냐도 의문스러운 부분이다. 신숙주를 배신자로 보는 사육신 동정론자들의 의도가 들어간 것이라고만 하기에는 설득력이 떨어진다.

'아니 땐 굴뚝에 연기 나랴'라는 말이 있듯 어떤 식으로든 무언가 자살과 관련된 일이 있었기 때문에 이와 같은 속설이 나오게 되지 않았을까. 게다가 왜 하필 신숙주 부인에게만 자살설이 떠도는 것일까? 계유정난의 공신은 신숙주 혼자만이 아니라 한명회, 권남 등 많은 인물이 있지 않은가. 유독 신숙주의 부인에게 자살설이 따라다닌다면 필경 그럴 만한 사연이 있었기 때문일 것이다. 신숙주가 세종과 문종의 총애를 많이 받았고 성삼문 등의 사육신과 가까웠다는 사실만으로는 설명이 되지 않는 부분이다.

어쨌든 윤씨 부인의 자살설에 대해서는 좀 더 치밀한 연구가 필요한 만큼, 그녀의 자살을 일방적으로 부정하는 것은 아직 시기상조라 하겠다.

남편의 명예 회복을 위해

김정의 부인은 송여익의 딸로서 기묘사화 후 남편이 사약을 받고 죽자 이를 원통하게 여긴 끝에 스스로 목숨을 끊었다. 송씨는 늙은 시어머니가 집에 있었기 때문에 차마 바로 자살하지 못하고, 시어머니가 천명을 마치도록 봉양한 후에야 8일 동안 먹지 않고 조용히 삶을 마쳤다고 한다.

송씨의 남편 김정은 조광조와 함께 사림파의 중심인물로 호조 정랑을 지낸 김효정의 아들이다. 3세에 할머니에게 성리학을 배우기 시작하면서부터 성리학 연구에 몰두했으며, 새, 짐승 등의 그림도 잘 그렸다고 한다. 그는 중종 2년1507에 증광시 문과에 장원으로 급제해 성균관 전적에 임명되고, 그 후 사간원 정언, 이조 정랑 등을 거쳐 중종 9년1514에 순창 군수가 되었다. 이때 폐출된 중종의 왕비 신씨의 복위를 주장했다가 임금의 노여움을 사서 보은에 유배되었다.

그 뒤 사림파가 급속히 성장함에 따라 이조참판, 도승지, 대사헌, 형조 판서 등의 요직을 역임했다. 그는 사림파 인사들 다수를 중앙 정계에 천거했고, 조광조의 정치적 성장을 후원했다. 그 뒤 조광조 등의 사림파와 함께 다양한 개혁 정책을 추진했다.

중종 14년1519 기묘사화가 일어나자 극형에 처해질 위기에 처했지만, 영의정 정광필 등의 비호로 충청도 금산에 유배되었다가 진도를 거쳐 다시 제주도로 옮겨졌다. 그 후 2년이 지나 발생한 신사무옥에 연루되어 사림파의 주축인 생존자 여섯 명과 함께 다시 중죄에 처해져 사약을 받고 죽었다. 인종 1년1545에 복관되고, 인조 24년1646 영의정에 추증되었다.

김정은 시문에 능해 유배 생활 중 외롭고 괴로운 심정을 시로 읊기도 했는데, 그런 시 가운데《대동시선大東詩選》에 실린 한 수를 보자.

바람 찬 황야에 해는 지는데,
마을로 날아드는
주린 까마귀.

저녁연기 쓸쓸한 빈 숲에는
사립문 닫혀 있는
오두막 하나.

이런 김정의 부인은 죽기 직전에 훗날까지 널리 알려지게 되는 유언을 남겼다. 그 유언은 "가옹家翁(남편)의 참화는 지극히 원통한 것이었다. 신비愼妃를 복위할 것을 청한 것은 진실로 윤상倫常을 부지하고 세도世道를 지

여인들의 한스러운 자결

키고자 애쓴 끝에 나왔는데, 말은 마침내 시행되지 않고 참화가 이에 이르렀다. 공론이 정해지려면 반드시 오랜 세월을 기다려야 할 것이니, 신중전愼中殿의 원통함이 풀어지기 전에는 비록 백대가 지나가더라도 신주를 땅에 묻지 말고 기다리라"라는 내용이었다. 송씨 부인은 이 말을 마치자마자 죽었으며, 그녀의 자손들은 대대로 이 유언을 지켜 김정의 신주를 묻지 않고 온릉溫陵에 대한 의리가 펴지는 날을 기다렸다고 한다.

신주는 죽은 사람의 넋이 담긴 것으로 제례에 4대 봉사奉祀하는 조상 대대의 위패를 가리키며, 별채인 사당에 감실龕室을 만들어 모시는 것이 원칙이다. 사당이 없는 집에서는 대개 벽감壁龕을 만들어 사랑채나 대청마루에 모시기도 한다. 신주는 주로 밤나무로 위는 둥글고 아래는 모나게 만든다. 차례와 기제사에 늘 모셔야 하며 4대 봉사를 마친 신주는 무덤에 묻는다.

여기에서 온릉에 대한 의리가 펴지는 날을 기다렸다는 것은 곧 폐위된 단경왕후 신씨의 복위를 기다렸다는 말이다. 온릉은 중종의 원비元妃인 단경왕후 신씨의 능으로 지금도 경기도 양주시 장흥면 일영리에 있다.

단경왕후는 연산군의 처남이면서 좌의정을 지낸 신수근의 딸로, 연산군 5년1499 성종의 둘째 아들 진성대군과 혼인하여 부부인府夫人에 봉해졌다. 1506년 박원종, 성희안 등이 반정을 단행하여 연산군을 축출하고 진성대군을 중종으로 추대하면서 왕비에 올랐다. 그러나 반정 모의에 반대한 아버지가 반정공신들에게 살해되자 역적의 딸이며 연산군의 폐비인 신씨의 질녀라는 이유로 왕비가 된 지 7일 만에 폐위되어 본가로 쫓겨났다. 중종 10년1515 장경왕후 윤씨의 죽음을 계기로 김정 등이 그녀의 복위 운동을 펼쳤으나 이에 반대하는 중신들 때문에 실현되지 못했다. 그녀는 조선의 왕비 가운데 재위 기간이 가장 짧으며, 자식도 없이 홀로 살다가 명종 12년1557에 71세로 숨을 거두었다.

김정의 부인과 그 자손들이 그리도 애타게 기다리던 단경왕후의 복위는 오랜 세월이 지난 영조 15년1739 봄에야 비로소 실현되었다. 폐위된 지 무려 230여 년 만의 일이었다.

왕비의 복위와 더불어 영조는 그해 여름에 김정에게도 특별히 치제致祭할 것을 명했다. 그러자 우의정 송인명이 아뢰기를, "듣건대 선정先正(김정)이 화를 당한 후 그 부인이 '신주를 묻지 말라'는 유언을 남겼기 때문에 그의 자손들이 아직껏 그 집에다 신주를 받들고 있다고 합니다. 지금 나라에서 그를 제사지내주는 날에 그의 신주가 아직도 보관되어 있다는 것을 알고 있는 이상, 조정에서도 또한 어찌 차마 그대로 묻어버리게 할 수 있겠습니까. 더구나 이번에 온릉이 복위된 것도 진실로 선정의 한 장 상소로 말미암았으니, 또한 나라에 공로가 있다고 말할 수 있는 것입니다. 그러니 지금 특별히 부조묘不桃廟를 허락하고 이어 그 신주에 제사를 지내주게 한다면 타당할 듯합니다"라고 건의했다. 여기에서 부조묘란 나라에 큰 공훈이 있는 사람의 위패, 즉 신주를 영구히 봉안하여 제사지내도록 국가가 허락한 사당을 가리킨다. 그러니까 송인명은 특별히 김정의 부조묘를 세울 수 있게 허락하여 사당에서 제사를 지내주게 해야 한다고 건의한 것이다.

그러자 영조는 이번에 제사를 지내주는 일은 묘소에서 거행하고, 부조묘에 관한 일은 대신들이 다시 의논하여 보고하라고 명했다. 이에 판중추부사 김재로는 국가에서 문묘에 종사從祀되거나 태묘太廟에 배향된 훈신勳臣 이외에는 부조묘를 허락한 적이 없으니 지금 할 도리는 본가에 맡기고 조정에서는 간섭하지 말아야 한다고 건의했고, 임금이 이를 수용함으로써 당시에는 부조묘를 세우지 못하게 되었다.

그 후 정조 14년1790 3月에 유생 윤재후 등이 상소를 올려 김정의 부조
묘를 세우는 은전을 허락해줄 것을 청했다. 그 상소를 접한 정조는 "온
릉을 복위할 당시에는 절의를 지키다가 죽은 사람에 대해 부조묘의 은전
을 시행하는 것이 아직 정해진 규식이 없었다가, 갑술년(영조 30년, 1754년)
이후에 이르러서야 비로소 정해진 제도가 있게 되었다. 문충공 이정귀,
충숙공 서성 같은 여러 사람에 대해서도 사공事功이 볼만하다는 이유로
다 같이 부조묘의 은전을 베풀었다. 그러니 지금 문간공 김정에 대해 부
조묘의 은전을 시행하는 데 어찌 조금이라도 의심을 갖겠는가. 더구나
문간공의 아내가 자기 목숨을 끊으면서 유언하기를 '공론이 정해지려
면 반드시 오랜 세월을 기다려야만 할 것이니 원통함이 풀어지기 전에
는 비록 백대의 세월이 흐르더라도 신주를 땅에 묻지 말라' 했으니, 그
말이 매우 애처롭고 그 절의가 더없이 고상하다. 이 때문에 조정에서도
지난 기미년1789에 신주를 묻는 것을 허락하지 않은 것인데, 올해 마침
온릉에 비석을 세우는 공사를 하게 되었고 유생들의 상소가 이때 올라
왔으니 또한 마치 기다려온 일인 듯하다고 하겠다. 너희의 청을 특별히
허락한다"라고 했다. 임금은 이어 해당 관청에서 전례를 살펴 거행케 하
고, 날을 받아 승지를 보내 김정의 사당에 치제하게 했다.

이렇게 해서 송씨 부인의 유언에 따라 집 안에 모셔오던 김정의 신주
는 마침내 땅에 묻힐 수 있게 되었다. 유언을 한 지 200여 년이 지난 뒤
였다. 그 후 순조 3년1803에는 홍문관 교리 신귀조가 올린 상소를 받아들
여 송씨의 절의를 표창하는 뜻에서 정문旌門을 세워주었다.

정첩의 딸로 태어나
경부인으로

　정난정은 명종 대의 외척 윤원형의 첩이다. 아버지는 부총관 정윤겸
이며, 어머니는 관비 출신의 첩이었다. 그녀는 어릴 때 집을 나와 기생
이 되었는데, 미천한 신분에서 벗어나기 위해 윤원형에게 접근하여 그
의 첩이 되었다.

　윤원형은 중종 대에 문과에 급제하고 사헌부 지평, 홍문관 응교 등을
역임했으며, 누나인 문정왕후가 경원대군뒤의 명종을 낳자 당시의 권세가
인 김안로를 제거했다. 1544년 명나라에 사신으로 파견되었다가 돌아온
뒤 공조 참판 등으로 승진했다.

　같은 해에 중종이 죽고 장경왕후 소생의 인종이 새 국왕으로 즉위했
다. 그러나 인종이 재위 8개월 만에 죽고 명종이 즉위하면서 문정왕후

가 수렴청정을 하게 되자 윤원형은 크게 세력을 얻었다. 1545년에 그는 을사사화를 일으켜 장경왕후의 오빠이자 인종의 외삼촌인 윤임 일파를 제거하고 실권을 장악해, 20여 년 동안 영화를 누렸다. 그 후 이조판서, 우의정을 거쳐 명종 18년1563 마침내 영의정에 올랐다.

정난정은 윤원형의 첩이 된 뒤 문정왕후의 환심을 사서 궁중에 무상으로 출입했다. 그러던 중 명종 6년1551에 윤원형의 정실부인인 김씨현감 김안수의 딸를 쫓아내고 적처가 되었으며, 이것도 모자라 김씨를 독살했다고 한다.《명종실록》에는 윤원형이 자기 아내를 버리고 기생 난정을 시켜 그녀를 독살한 다음 문정왕후에게 요청해서 난정을 부인으로 승격시켰다고 나와 있기도 하다.

윤원형이 영의정까지 승진하자 정난정도 정경부인貞敬夫人(정1품, 종1품 문무관의 아내에게 주던 봉작)이 되어 온갖 부귀영화를 누렸지만, 명종 20년1565 4월에 윤원형의 강력한 후원자인 문정왕후가 죽자 상황이 돌변했다. 윤원형은 귀양을 보내야 한다는 중신들의 강력한 주장에 따라 모든 관작을 삭탈당하고 고향으로 쫓겨나는 처분을 받았다. 이로써 윤원형 부부는 그해 8월에 황해도 금천의 강음江陰으로 물러났다.

윤원형이 쫓겨나자마자 조정의 중신들은 벌떼같이 들고일어나서 그가 본처를 쫓아낸 것은 강상綱常의 일대 변고라면서 정난정의 작첩爵帖을 회수해야 한다고 주장했다. 즉 "윤원형의 첩 난정은 영비營婢의 소생인데 윤원형이 정처를 버리고 부인으로 올리기를 도모했으니, 이는 오랜 세월을 두고 변할 수 없는 강상에 큰 변고가 생긴 것입니다. 이런데도 즉시 개정하지 않으면 인간의 도리를 잃어서 나라가 제구실을 못할 것입니다"라 했다.

이와 동시에 정난정에게는 또 다른 위기가 닥쳐왔다. 윤원형의 본처 김씨 부인의 계모 강씨가 9월에 소장을 올려 김씨가 독살당했다고 고발하여 큰 파문을 일으킨 것이다. 강씨의 소장에 따르면, 그녀의 사위 윤원형은 젊었을 적에 딸 김씨와 결혼하여 여러 해를 함께 살았는데, 정윤겸의 서녀 난정을 얻은 이후 임금을 속여 내쫓았다는 것이다. 그러고 나서 김씨의 여종 구슬 등과 남자 종 향년 등을 잡아두고 놓아주지 않았으며, 도리어 종들에게 원래 주인을 능멸하고 모욕하게 하고, 또 김씨의 재산을 모두 빼앗고 종적을 없애버릴 계획을 세워 김씨가 매우 굶주려서 난정에게 먹을 것을 구하자 난정이 음식에 독약을 집어넣고는 몰래 구슬을 시켜 김씨에게 주게 하여, 김씨가 그것을 먹고 바로 죽었다는 내용이었다. 온 집안이 모두 그 원통함을 알고 있었으나 난정의 위세를 두려워하여 감히 소장을 올리지 못했다고 탄원했다. 이것을 보고받은 임금은 의금부에서 처리하라고 명했다.

김씨의 독살 사건이 고발되고 그 일에 관여한 여종들이 모두 문초를 받자 정난정은 처벌을 피할 수 없으리라는 것을 예감했다. 그래서 항상 독약을 가지고 다니면서 "일이 여기에 이르렀으니 반드시 나를 잡으러 올 것이다. 그러면 나는 약을 먹고 죽을 것이다"라고 했다고 한다. 마침 금부도사가 개성 근처의 금교역에서 말을 바꾸어 타고 있었는데, 윤원형의 집종이 이를 보고 달려와 고하기를 "도사가 금방 오고 있다" 하자, 윤원형은 소리 내어 울며 어쩔 줄을 몰라 했고, 정난정은 "남에게 제재를 받으니 스스로 죽으니만 못하다"라 하고는 독약을 마시고 곧바로 죽었다고 한다.

정난정이 자살하자 윤원형도 함께 자살했다는 설이 있지만, 실록에서는 그런 기록을 전혀 찾아볼 수 없다. 《명종실록》에는 다만 윤원형이 정난정의 죽음을 보고 분해하다가 죽었다고 나올 뿐이다. 또한 실록에 따르면, 정난정이 자살한 날은 명종 20년 11월 13일이고 윤원형이 죽은 날은 11월 18일로, 닷새 간격이다. 이것만 봐도 두 사람이 함께 자살했다고 말하기는 어렵다. 실학자 이긍익이 야사를 모아 정리한《연려실기술》에도 정난정이 자살하자 윤원형이 크게 통곡하다가 오래지 않아 죽었다고 기술되어 있다.

그런데《연려실기술》에는 일설이라는 전제를 달고는 있으나 윤원형이 자살한 것으로 실려 있기도 하다. 이에 따르면, 그는 황해도로 물러난 이후 조정에서 자기를 공격하는 것을 알고 자살할 계획을 세우고는 작은 병에 짐주짐새의 독을 섞은 술를 가지고 다니며 항상 난정에게 "만약 들리는 말이 있거든 이것을 나에게 마시게 해라" 하고 다짐을 두었다고 한다. 그러던 어느 날 우연히 알게 된 벽제의 역리驛吏에게 만약 자신을 잡으라는 명이 있거든 꼭 먼저 알려달라고 당부했는데, 그 역리가 금부도사가 황해도로 간다고 잘못 알고 급히 그에게 고하기를 "잡으라는 명이 내려서 도사가 온다는 소식이 왔다" 하니 그날 저녁에 짐주를 마시고 자살했다는 것이다.

그러나 이 기록은 실록의 정난정 자살 관련 기록을 윤원형으로 바꾸어 잘못 묘사한 것으로 신빙성이 떨어지는 이야기다. 여러 가지를 종합해보면 정난정은 자살한 것이 맞지만, 윤원형은 자살하지는 않고 정난정의 죽음과 실각에 따른 애통함과 울화 때문에 죽은 것으로 보인다.

어쨌든 윤원형이 죽었다는 소식을 들은 명종은 옛정을 생각해 위사공신衛社功臣(을사사화 때 내린 공신호로 선조 대에 모두 취소되었다)이라는 명분으로 공신 3등에 해당하는 장례를 치러주라고 명했다. 이후 윤원형과 원수진 집안들에서 떼를 지어 빼앗겼던 재물에 대한 송사를 일으켰고, 조정에서는 재물을 본래 주인들에게 돌려주게 했다고 한다.

굳건한 신분제 사회에서 미천한 첩의 딸로 태어나 정경부인의 신분까지 올라간 정난정과, 왕실의 외척으로 세력을 떨치며 영화를 누리다가 몰락한 윤원형의 삶은 지나친 야심의 위험함에 대해 다시금 생각하게 한다.

질투가 부른 비극

  인조의 후궁인 귀인貴人 조씨는 임금의 총애를 한 몸에 받았는데, 인조의 계비인 장렬왕후에 대한 질투가 심했고 그 외에도 여러 사람에게 악감정을 품었다. 또한 성품이 음흉하고 간사하여 자신의 눈에 거슬리는 자가 있으면 왕 앞에서 모함했기 때문에 궁궐 안에서도 그녀를 매우 두려워했다고 한다.

  효종 2년1651에 김자점의 역모 사건이 일어났을 때, 그녀가 사돈 김자점과 함께 장렬왕후와 숭선군의 아내 신씨장렬왕후의 여동생의 딸를 저주한 사건이 밝혀져 관련자들이 처형당하는 등 소란이 벌어졌다.

  김자점은 인조반정에 참여한 공으로 영의정에 올라 전횡을 일삼은 인물이다. 1649년 효종이 즉위하자 평소 그의 독주를 비판하던 반대파의 탄핵을 받아 파직당했다. 이에 앙심을 품은 김자점은 청나라에 역관을 보내 조선이 장차 청나라를 정벌하려는 북벌을 계획하고 있으며, 청의 연호 대신 명의 연호를 쓴다고 밀고했다. 이에 청나라는 군사를 국경에 배치하고 사실을 확인하고자 조선에 사신을 보내기까지 했다. 그러나 효종의 기민한 대응으로 위기를 모면했고, 김자점은 광양으로 유배되었다.

효종 2년 진사 신호 등은 김자점이 아들 김익 등과 역모를 꾀한다고 고발했다. 그러자 효종이 직접 그들을 신문하여, 김자점과 아들 익이 조정의 신하와 지방의 수령, 장수 등과 주고받은 편지를 근거로 역모 사실을 확인했다. 이와 함께 조 귀인이 숭선군의 부인을 저주한 사건이 밝혀지자 조 귀인을 자진하게 하는 한편, 김자점 및 그의 손자인 김세룡 등을 처형하고 가산을 몰수했다. 이로써 김자점의 일파인 공서파功西派는 완전히 숙청되었다.

관련자들의 진술에 따르면 조 귀인은 장렬왕후, 즉 중전을 원수로 여겼으며, 중전을 저주한 변고는 극히 흉악하고도 참혹했다고 한다. 그녀는 딸 효명옹주를 사주하여 함께 역모를 꾸며 흉측한 짓을 저질렀다. 안으로는 궁궐의 은밀한 곳과 밖으로는 대군大君과 부마의 집에 아침저녁으로 출입하면서, 세수하고 머리 빗을 때 쓰는 도구라며 몰래 흉하고 더러운 물건을 감추었으며, 그것을 옷소매 속에 넣어 가지고 다니기도 했다. 심지어는 흰 이가 있는 머리뼈와 누린내 나는 뼛가루를 밀봉하여 몰래 가지고 가서는, 장렬왕후의 처소와 대전에 흩뿌리게도 하고 파묻게하기도 했다. 그리고 대궐을 나간 뒤에도 우물물을 길어놓고는 몸소 기도했으며, 흉한 물건을 많이 구해서 궤짝에 넣어 가지고 들어가기도 했다. 또 장렬왕후의 침실에 흉한 물건을 파묻어두었다. 그들은 장렬왕후만을 음해한 것이 아니라 효종도 음해하여 산천에서 기도하고 축원한 것이 모두가 임금을 저주하는 말이었다는 것이다.

　효명옹주는 김자점의 손자 김세룡과 혼인한 사이였는데, 당시 이 사건에는 효명옹주와 그 여종도 관련이 되어 조정에서는 조 귀인과 효명옹주를 모두 처벌할 것을 요청했으나, 효종은 효명옹주가 나이가 어린 관계로 조 귀인만 자결케 했다.

　당시에 삼사와 백관이 역적 조씨 모녀를 처형할 것을 주청하자 효종은, "아, 용서해주고자 하나 일이 이미 분명하게 드러났고, 은혜를 온전히 하고자 하나 여러 사람의 노여움은 막기가 어렵다. 죄가 종묘사직과 자전에 관계되니 내가 어찌 감히 마음대로 할 수 있겠는가. 부득이해서 공의를 따른다. 그러나 역시 차마 사형을 가하지는 못하겠다. 귀인 조씨는 자진하게 하라. 옹주의 일은 결단코 따를 수 없다"라고 답함으로써 조 귀인의 자진이 확정되기에 이르렀다.

● 장 희빈

희빈 장씨는 어려서 나인으로 궁에 들어가 숙종의 총애를 받았다. 숙종 12년1686 숙원淑媛이 되었으며, 2년 후 소의昭儀로 있을 때 왕자 윤뒤의 경종을 낳았다.

조선시대에는 후궁이나 궁녀 등의 왕실 여인들, 즉 내명부內命婦에게는 일정한 품계가 주어졌다.《경국대전》에 실린 후궁의 품계를 보면, 빈嬪은 정1품, 귀인 종1품, 소의 정2품, 숙의淑儀 종2품, 소용昭容 정3품, 숙용淑容 종3품, 소원昭媛 정4품, 숙원 종4품으로 되어 있다.

이듬해 1월 숙종이 송시열 등 서인의 반대를 물리치고 윤을 원자로 책봉함에 따라 장씨는 내명부 정1품 희빈으로 승격되었다. 그해 2월 기사환국으로 서인이 실권하고 남인이 집권했으며, 7월에는 인현왕후 민씨가 폐위되었다. 그다음 해인 숙종 16년1690에 윤이 세자로 책봉되면서 희빈은 왕비가 되었다.

그러나 일개 궁녀로서 감히 꿈꾸기도 힘들 왕비 자리까지 오르면서 운이 다한 것일까, 얼마 가지 않아 장씨에게는 위기가 닥친다. 4년 후에 일어난 갑술환국으로 민비가 복위되면서 다시 희빈이 된 것이다. 숙종 20년1694에 서인 김춘택, 한중혁 등이 일으킨 민비 복위 운동을 계기로 남인이 옥사를 일으켰으나, 숙종은 오히려 남인을 제거하고 서인을 재집권시키는 갑술환국을 단행했다. 이에 따라 그해 4월 민비가 복위되면서 장씨는 다시 희빈으로 밀려났고, 오빠 장희재와 함께 복위를 도모했으나 무산되었다. 숙종 27년1701에 민비가 병으로 죽자 희빈은 궁인, 무녀 등과 함께 민비를 무고했다는 서인의 탄핵을 받았고, 결국 자진하라는 명이 내려져 죽음을 맞게 된다.

당시 숙종이 내린 하교에 따르면, 장 희빈은 중전민비을 질투하고 원망하여 몰래 모해할 마음을 먹고, 신당을 궁궐 안팎에 설치하고는 밤낮으로 빌며 흉악하고 더러운 물건을 대궐에 묻었다고 한다. 이에 장 희빈을 자진하게 하기로 마음을 굳힌 숙종이 1701년 8월에 다음과 같은 하교를 승정원에 전달했다. 즉 "중전을 모해한 소문이 낭자할 뿐만 아니라 그 정상이 모두 드러났으니, 신인神人이 함께 분개하는 바이다. 이것을 그대로 둔다면 후일에 뜻을 얻게 되었을 때 국가의 근심이 실로 형언하기가 어려울 것이다. 전대 역사에서 보더라도 어찌 두려워하지 않을 수 있으랴? 지금 나는 종사를 위하고 세자를 위하여 이처럼 부득이한 일을 하니, 어찌 즐겨 하는 일이겠는가? 장씨는 전의 비망기備忘記에 따라 자진하게 하라"라고 했다.

그러나 부교리 권상유와 부수찬 이관명 등은 반대 입장을 피력하며 말하기를, "신 등이 삼가 비망기를 보건대 희빈 장씨를 전의 비망기에 의하여 자진하게 하라는 교지가 있었습니다. 대개 전하의 처분은 대의를 증거로 끌어댔으나 여러 신하가 염려하는 바는 세자를 보안하는 데 있습니다. 만약 '비록 오늘의 처분이 있어도 세자를 손상시키는 일이 털끝만큼도 없다'라고 하신다면, 진실로 말참견을 하기 어렵습니다. 그러나 만약 그렇지 아니할 경우, 우리 세자의 어린 나이로서는 망극한 변고를 당해 만에 하나 손상될 염려가 있으니, 온 나라의 신민들이 세자를 위하여 죽기를 원하는 마음으로 진실로 감히 명을 받들 수가 없는 점이 있습니다"라 했다. 즉 신하들은 장 희빈을 자진하게 했을 때 아직 어린 세자가 받을 충격을 걱정하며 임금의 마음을 돌리려 했다. 그러나 그로부터 두 달 후에 장 희빈은 결국 자진으로 생을 마감해야 했다.

현재 그녀의 죽음은 사약을 받고 죽었다는 것이 거의 정설로 되어 있지만, 실록에는 분명히 자진케 한 것으로 나오고 있다. 자진은 죄인에 대한 하나의 배려로 인식되어 있었으므로 이를 통해 장 희빈에 대한 숙종의 마음을 엿볼 수 있다. 또한 숙종은 해당 관청에서 이전의 사례를 참고하여 장례를 거행하라고 명함으로써 최소한의 정을 나타냈다.

사실 그녀의 죽음은 당시 온 나라를 뒤흔들던 당쟁과 깊은 관계가 있었는데, 당쟁 앞에서는 궁궐이나 규중의 여인네들도 결코 자유로울 수 없었다. 남인 계열 집안 출신인 장 희빈은 숙종이 남인에서 서인으로 돌아서자 의지할 곳 없이 고립된 채 죽음을 맞아야 했다. 치열한 당쟁을 자신의 왕권 확립을 위해 이용하는 통치 양상을 보인 숙종에게 그녀는 사사로운 정을 떠나 정치적 숙청 대상이 되어야 했던 것이다. 그렇게 본다면 장 희빈은 당파 싸움에 몰두해 있던 남정네들이 죽인 것이나 마찬가지였다.

화순옹주

남편을 따라 죽다

조선시대에는 여성의 최고 미덕으로 한 남자만을 섬기는 절개를 꼽았다. 따라서 여성들은 남편이 죽은 후 오랜 세월 고난과 싸우며 정절을 지키거나 죽음을 무릅쓰고 정조를 지키는 것이 장려되었다. 이에 따라 당시에는 남편이 죽으면 남편을 따라 목숨을 끊는 열녀가 매우 많았으며, 이런 일이 일어날 때면 나라에서 정문을 세워주는 등 그 절개를 높이 샀다.

영조의 둘째 딸로 효장세자의 동복 누이동생인 화순옹주는 남편인 월성 도위(都尉(임금의 사위에게 내리던 칭호) 김한신이 영조 34년1758에 38세로 죽자 열흘 넘게 물과 음식을 입에 대지 않다가 죽었다. 김한신은 영조 때 영의정을 지낸 김흥경의 아들이며, 추사 김정희의 증조부다.

화순옹주는 성품이 유순하고 행실이 곧고 발랐으며, 평소 검약을 숭상하여 복식이 화려하거나 사치를 하지 않았다고 한다. 남편과도 서로 경계하고 삼가기에 힘써, 사람들이 말하기를 "어진 도위와 착한 옹주가 아름다움을 짝할 만하다"라고 했다.

남편이 죽자 옹주는 따라서 죽기를 결심하고, 물 한 모금도 입에 대지 않았다. 부친인 영조가 이 소식을 듣고는 그 집에 친히 거둥하여 미음을 들라고 권하자, 옹주가 명령을 받들어 한 번 마셨다가 곧 토했다. 이에 임금은 그 뜻을 돌이킬 수 없음을 알고는 슬퍼하고 탄식하면서 돌아갔다. 음식을 끊은 지 14일이 되어 옹주는 마침내 자진했다. 이 일이 알려지자 당시 궁중에서는 옹주를 여자 중의 군자라고 일컬었다.

그녀의 죽음을 전한 사관은 "어찌 열흘이 지나도록 음식을 끊고 한번 죽음을 맹세하여 마침내 능히 성취했으니, 그 절조가 옹주와 같은 이가 있겠는가?"라고 칭송했다.

그 뒤 정조는 재위 7년1783 2월에 충청도 예산에 있는 옹주의 집 마을 어귀에 정문을 세우고 '열녀문'이라 명명하라고 한 후 다음과 같이 애도했다.

사람이 제 몸을 버리는 것은 모두 어려워한다. 그렇기 때문에 신하가 그리 했을 때는 충신이 되고 자식이 그리했을 때는 효자가 되고 부녀자가 그리 했을 때는 열녀가 되는 것이다. 어떤 사람은 '지어미가 지아비를 따라 죽 는 것은 교훈으로 삼기 어렵다' 했다. 그러나 자식이 생명을 잃는 것을 성 인이 경계했지만 거상居喪을 끝내지 못하고 죽어도 효도에 지장이 없고 보 면 지어미가 지아비를 위하는 것에서 무엇이 이와 다르겠는가? 부부의 의 리를 중히 여겨 같은 무덤에 묻히려고 결연히 뜻을 따라 죽기란 어렵지 않 은가, 매섭지 않은가?

(…) 어질고 효성스러운 화순옹주가 임금과 어버이의 말씀을 받들어 따라야 한다는 의리를 모르지는 않았겠지만 결국 그의 한번 정한 뜻을 바꾸지 않았던 것은 진정 왕명을 따르는 효도는 작고 남편을 따라 죽는 의리는 크기 때문이었다. 아! 참으로 매섭도다. 옛날 중국 제왕의 가문에도 없었던 일이 우리 가문에서만 있었으니, 동방에 곧은 정조와 믿음이 있는 여인이 있다는 근거가 될 뿐만 아니라, 어찌 우리 가문의 아름다운 법도에 빛이 나지 않겠는가? 더구나 화순옹주는 평소 성품이 부드럽고 고우며 덕성이 순수하게 갖추어져 있었으니, 대체로 본디부터 죽고 사는 의리의 경중을 잘 알고 있었으므로 외고집의 성품인 사람이 자결한 것과는 비교가 되지 않는다. 아! 참으로 어질도다.

《정조실록》 권15, 7년 2월 정묘

산송 두 가문의 혈투로 번진

숙종 35년1709에 박문랑의 아버지인 경상도 성주 사람 박수하가 대구 사람인 청안 현감 박경여와 묏자리를 두고 산송山訟(산소와 관련된 송사)을 벌였다. 박경여가 박수하의 선산 바로 가까이에 자기 할아버지의 산소를 쓰려고 한 것이다. 박수하는 권력에 눌려 말리지는 못하고 고을 수령과 경상도 관찰사에게 제소를 했는데, 결국 박경여가 승소하여 묘소를 쓰게 되었다. 이 일은 단순한 산송이 아니라 집안 간의 싸움이었다. 박수하는 계유정난의 공신으로 영의정까지 지낸 박원형의 10세손이고, 박경여는 사육신 박팽년의 9세손이었다.

이 일이 있은 지 몇 년 뒤에 박경여의 집에서 산소로 통하는 길을 닦으려 하자 박수하가 이를 막으며 못 하게 했고, 이번에는 박경여가 소장을 올려 감영에 호소했다. 이때 관찰사는 이의현이었는데 박경여는 이의현의 아저씨뻘 되는 이세최의 매부였다. 그렇게 되자 박수하는 이의현이 박경여와 인척이므로 박경여를 두둔한다면서 그를 배척했다. 이 때문에 좋지 않은 감정을 갖게 된 이의현이 결국 박수하를 형문刑問(몽둥이로 정강이를 때리며 신문함)하게 되었는데, 단 한 차례 형문을 받고는 박수하가 죽어버렸다.

그러자 문랑은 아버지의 죽음이 박경여와의 산송 때문이었음을 분하게 여기고 일가친척과 역군役軍을 동원하여 박경여의 선산에 가서 무덤을 파헤쳐 관을 꺼내고는 시체를 베고 불을 질렀다. 당시 조선의 법률에 따르면, 묘를 파내거나 사람을 죽인 자는 모두 사형에 처하게 되어 있었다. 박경여의 집안 사람들은 그 변고를 듣고서 급히 달려가 이장하려다가, 박수하네 사람들이 다시 와서 변을 일으킬까 두려워하여 장정 수백 명을 거느리고 사방을 둘러쌌다.

그런데 그곳에 있던 어떤 사람이 문랑에게 전하기를, 박경여가 지금 문랑의 어머니 무덤을 파헤쳐 자신의 조상이 당한 원한을 갚으려 한다고 했다. 이 말을 들은 문랑은 온 마을 사람들과 노복들을 모조리 불러내어 산 밑에 매복하게 했다. 그런 다음 양손에 칼을 끼고 곧장 말을 달려 산으로 돌진해 박경여와 충돌하려 했다. 그러나 사람들이 일제히 가로막아 떠들썩하게 엉클어지는 사이에, 문랑은 그만 애통하고 절박한 심정을 참지 못해 자살하고 말았다.

이에 종이 문랑이 죽임을 당했다고 크게 외쳐대자 산 밑에 잠복하고 있던 사람들이 일시에 돌진해 박경여 측 사람들을 제압했다. 이때 박취휘는 나이가 많아 거동이 불편해 도망치지 못했고, 그의 오촌 조카 박명빈은 차마 그를 버리고 가지 못했다. 박문랑 측 사람들은 그 둘을 결박한 채 차고 밟고 하다가 끌고 내려왔는데, 이 때문에 박취휘는 결국 죽고 말았다.

그 직후 문랑의 여동생과 박취휘의 아들이 다 같이 서울로 올라와 북을 치며 서로의 원통함을 호소했다. 문랑의 여동생은 남장을 하고 상경해 두 번이나 격쟁擊錚억울한 일을 당한 사람이 임금이 행차하는 길에서 징이나 꽹과리를 쳐서 호소하던 일을 했으나 성과를 얻어내지 못했다. 이에 그녀는 관리들의 행차마다 가로막고 매달렸으므로, 이 일이 장안에 널리 퍼졌다.

결국 숙종 38년 6월에 성주 목사 김상직이 이 일로 사간원의 탄핵을 받았다. 즉시 법에 의거하여 조사하고 처리해야 하는데도 일부러 질질 끌어 마침내 양쪽이 살상하는 일이 일어나게 했다는 것으로, 이 때문에 그는 파직되기에 이르렀다. 이어서 임금은 박경여의 산송을 엄정하게 조사하여 보고하라고 지시했다.

조정에서는 즉시 어사 정찬선을 보내 조사하게 했는데, 1년을 머무르면서도 끝내 사건의 정황을 제대로 캐내지 못하고 돌아왔다. 그러자 임금은 그를 파직하라고 명했다. 이에 사간원에서는 "정찬선은 명을 받들고 옥사獄事를 다스리면서 다시 교지를 받지 않고 앞질러 돌아왔으니 임금의 명을 도로에다 버린 것과 다름이 없는데, 죄가 어찌 파직하는 데 그치겠습니까"라면서 정찬선을 삭탈관직해야 한다고 주장했다. 그러면서 문랑의 효행은 세상에서 보기가 드문데, 박경여가 세력을 믿고 남의 장지를 빼앗은 것은 의심할 여지가 없다고 했다. 이에 임금은 정찬선은 이미 파직되는 벌을 받았으니 삭탈은 지나치다고 하여 반대의 뜻을 밝혔다.

정찬선이 파직된 지 1년이 지난 숙종 40년에 다시 홍치중이 어사로 파견되어 사건을 재조사하게 되었다. 홍치중은 이 사건의 핵심은 박취휘의 시체를 찾는 일에 있다고 생각하여 온갖 방도로 염탐한 끝에 몇 달

만에 그 시체를 찾았다. 박취휘는 박문랑의 친족에게 피살된 것이 명백했고, 시체는 손상되고 썩어 그 참혹한 정상을 차마 볼 수 없었다. 그리고 문랑의 목 밑에 난 칼날 흔적은 법의학서인《무원록無冤錄》의 자살 조문과 부합되었다. 이에 따라 그간 분분하던 의논이 점차 문랑이 자결한 것으로 모아졌으나, 그래도 감옥에 갇힌 죄수들에 대해서는 판결이 나지 않았다.

여론은 박문랑의 효성을 극구 칭송하고 박경여의 죄상을 크게 공격하는 쪽으로 흘러갔고, 서울에 있는 사대부들도 문랑을 칭송했으며, 심지어 박취휘는 죽지 않았는데 그 아들이 박경여의 꾐을 받아 거짓으로 상복을 입었다는 주장까지 나왔다.

나중에 이 사건을 보고한 좌의정 홍치중과 임금 사이에서 오간 다음의 대화를 보면 당시의 분위기를 짐작할 수 있다.

"문랑은 일개의 시골 부녀지만 마음속에 지극한 애통함이 있자 칼을 휘두르며 말을 달려 겹겹의 포위를 뚫으려고 했으니 그 얼마나 용맹스러운 일입니까? 밀어젖혀 치고 밟고 하여 위험과 모욕이 절박하게 닥치자 칼을 뽑아 자결하여 죽어버리기를 집에 돌아가듯이 했으니, 그 과단스러운 성미와 드센 기백이 옛적의 열장부에게도 부끄러울 것이 없습니다. 남에게 살해당하여 칼날 밑에 뒹굴게 되는 것과 어찌 동등하게 논할 수 있겠습니까?"

"문랑이 칼을 끼고 말을 달려 사람들 속으로 돌진하는 늠름한 모습은 마치 그 실상을 보는 것과 같다. 비록《삼강행실록》에 싣는다 하더라도 무슨 부끄러울 것이 있겠느냐? 이를 숭상하고 권장하지 않는다면 그녀의 원통한 혼을 위로해줄 수 없을 것이다."

《영조실록》권10, 2년 12월 정축

이처럼 영조는 그녀를 높이 평가하며 특별히 정문旌門을 내리라고 분부했다. 그리하여 이 사건은 박문랑의 효심에서 비롯된 살상 사건으로 결론이 나게 되었다.

이러한 문랑 자매의 효행을 담은 이야기는 뒷날《박효랑전朴孝娘傳》이라는 실화 소설로 탄생해 현재까지 전해지고 있다. 이 책은 작자와 출판 연대가 확실하지 않은 한글소설이다. 1934년에 대구에서 처음 출판되었는데, 당시 박경여의 후손이 알까 두려워 받아주는 곳이 없어 책을 내기까지 어려움을 겪기도 했다고 한다. 그런데 책이 나오자 박경여의 후손이 이를 몽땅 사서 태워버렸기 때문에 고려대학교 도서관에 소장된 한 권만이 유일하게 전해지고 있다.

오랑캐, 그리고 그녀들의 신택

정묘호란 때 황해도에서 절개를 지키다 죽은 부녀자의 수는 당시의 기록에 따르면 모두 126명이었다고 한다. 그중 몇몇 사례를 보면, 우선 황해도 해주의 유학 정득주의 아내 김씨는 적에게 핍박을 당하자 먼저 딸을 물속에 던지고 아들을 업고서 물에 빠져 죽었다. 해주의 양인 임순립의 아내 대종은 적을 만나 쫓기자 바다를 굽어보며 하늘을 향해 큰 소리로 "아무의 아내는 이 물에 빠져 죽는다"라고 부르짖고 죽었다.

평산에 사는 김광렬의 아내는 어머니를 이끌고 피란했는데 적병이 갑자기 이르자 스스로 면할 수 없음을 알고 모녀가 바다에 몸을 던져 죽었고, 안악의 김응협의 아내 김씨도 적이 핍박해오자 물에 빠져 죽었다. 봉산의 유학 권준의 아내 최씨는 남편이 종군한 뒤 홀로 시부모와 어린 딸과 사촌 시동생 최현을 이끌고 피란 가다가 갑자기 적을 만났다. 그러자 최씨는 최현에게 "죽을 만한 곳이 어디에 있는가?"라고 묻더니, 최현이 앞에 큰 강이 있다고 하자 즉시 물에 빠져 죽었고 시어머니도 함께 죽었다. 이에 적이 의롭게 여겨 그의 딸을 최현에게 돌려주고 갔다.

수안의 참봉 이공백의 아내 이씨는 과부가 되어 13년 동안 수절하면서 여전히 죽을 먹고 소복을 입고 있었는데 적이 가까이 왔다는 말을 듣고 남편의 조카에게 말하기를 "내가 모면하지 못할 것 같으니 한번 죽는 것이 낫겠다" 하고는 강에 빠져 죽었다.

옹진의 교생 박수립의 아내 이씨는 해변으로 피란 갔는데, 남편과 두 아들이 포로가 되었다는 말을 듣고는 이레 동안 밤낮을 그치지 않고 하늘을 향해 부르짖으며 통곡했다. 그러다 적진에서 도망해 온 동네 사람에게서 남편이 탈출해 올 수 없다는 말을 듣고는, 통곡을 그치고 목욕을 한 다음 옷을 갈아입고 목을 매어 죽었다.

송화의 보인(保人(군역에 징발된 정군正軍을 경제적으로 돕도록 편성된 장정)) 강현백의 아내는 적이 경내에 들어왔다는 말을 듣고는 남편에게 맹세하기를, 칼을 차고 있다가 오랑캐를 만나면 즉시 자살하겠다고 했다. 이에 남편이 칼을 빼앗아 함부로 죽지 못하게 했지만 나중에 오랑캐에게 잡히자 결국 물에 뛰어들어 죽었다.

장연에 살던 강취규의 아내 강씨는 갑자기 적병을 만나자 얼굴을 보이지 않으려고 얼굴을 가린 채 땅에 엎드렸는데 적이 핍박하여 끌어 일으키려 하자 엎드린 채로 나무뿌리를 잡고 버텼고, 적이 칼로 손가락을 자르는데도 끝내 일어나지 않았고 양쪽 귀를 베었으나 역시 일어나지 않았다. 이에 적은 그녀의 등을 찌르고 돌아갔다.

온장도 쥐여주는 사회

조선왕조는 유교윤리를 널리 확산시키려 노력했으며 실제로 열녀와 효녀에 관한 기록이 수없이 많이 전해지지만, 그 반작용으로 불미스러운 일 또한 많이 일어났다. 조선 전기인 명종 때도 이미 세태가 매우 험악했던 것 같다. 당시에 사간원에서는 "근년 이래로 교화가 쇠퇴해져서 인심이 점점 야박해지고 습속이 날로 경박해져, 거가대족도 저속하고 비천한 짓에 빠져드는 것을 부끄러워할 줄 모르니 끝내 어떻게 될 것인지 알지 못하겠습니다"라고 한탄했다. 이를 자세히 살펴볼 수 있는 일화 하나를 보자.

경상도 단성에 사는 유몽상은 양반이었다. 그의 딸이 시집간 지 7~8년 만에 남편이 죽자 수절하고 있었는데, 그는 딸의 뜻을 돌려 장차 다른 사람에게 시집가게 하려고 했다. 하지만 딸은 절개를 보존하고 의리를 지키고자 하여 다른 사람에게 시집가지 않겠다고 맹세했다. 유몽상의 아내는 차마 딸의 뜻을 꺾지 못하여 남편에게 "딸의 뜻이 이러하니 그 뜻을 꺾어서는 안 되겠습니다. 당신이 이처럼 상서롭지 못한 짓을 한다면 반드시 후손이 없게 될 것입니다. 만일 당신이 후손이 없을 짓을 한다면 차라리 나를 버리고 다른 사람에게 장가가 후사를 두세요. 나는 이 딸과 함께 따로 살다 죽겠습니다"라고 했다.

그러나 유몽상은 이웃 마을의 무뢰한 자와 비밀히 약속하여 혼례 범절을 모두 무시하고 밤을 타 데려와서 잠든 딸의 방으로 들여보내 덮치게 했다. 딸은 완강하게 항거했지만 절개를 보존하지 못하고 말았다. 이에 딸은 분개하여 한탄하기를 "아버지가 나를 평민으로 대했으니 나도 아버지를 평민처럼 부르겠다" 했으며, 그 측은한 사연에 듣는 사람들이 모두 마음 아파했다고 한다.

이 소식을 접한 사간원에서는 유몽상과 그의 딸을 겁탈한 자를 비판하며 다음과 같은 의견을 내놓았다.

젊어서 지아비 잃은 여인들이 비록 더러 개가하는 일이 있기는 하지만, 이처럼 절개를 보존하려고 하는 사람이라면 부모로서는 억지로 뜻을 빼앗아서는 안 된다. 몽상은 단지 뜻을 빼앗기만 한 것이 아니라, 몰래 모의하여 덮치게 했으므로 풍속을 손상한 짓이 이보다 심할 수 없다.

《명종실록》 권17, 9년 11월 경신

그러면서 유몽상과 억지로 덮친 자를 잡아 가두어 처벌해야 한다고 건의했다. 또 당시의 현감 성준을 탄핵하면서, 성준은 유몽상을 죄주지 않았을 뿐 아니라 도리어 그다음 날 잔치에 참석하여 부끄러워할 줄을 모르고 마음 편히 여겼으니 지극히 형편없다며 비난했다.

이 사실을 실록에 실은 사관도 개탄하며 다음과 같이 평했다.

이럴 수가 있는가. 몽상의 불인不仁함이여. 나를 버리라는 아내의 말도 들어주지 않고 절개를 보존하려는 딸의 뜻도 살펴주지 않고서 정조를 지키는 결백한 여인에게 강포한 욕이 미치게 하여 마침내 절개를 보존하지 못하게 만들었으니, 어찌 통탄스러운 일이 아니겠는가.

《명종실록》 권17, 9년 11월 경신

그런데 사관은 한편으로는 정절을 끝까지 지키지 못한 딸도 비판했다. 즉 "그러나 옛적부터 의리를 지키는 부녀로서 절개를 지키려고 마음먹은 사람은 항상 몸에 칼을 차고 다니며 불의의 변에 대비했는데 애석하게도 유씨는 이렇게 하지 못했다. 당초에 그 아비가 뜻을 꺾으려고 했는데도 칼을 차고 다니며 강포한 변에 대비하지 못했고, 이미 절개를 무너뜨린 뒤에도 자결로써 평소의 뜻을 밝히지 못했으니 유씨도 죄가 없을 수 없다"라고 했다. 이처럼 당시의 남성들은 여성들이 죽음으로써 끝까지 절개를 지키기를 바랐으니 참으로 부당한 남성 위주의 사고방식이다.

　이 일을 보고받은 명종은, 유몽상과 현감 등을 모두 처벌하라고 명하면서 "유몽상은 부모 된 사람으로서 그 딸의 의리 지키는 일을 권면하고 격려했어야 하는데 도리어 깨끗하게 정조를 지키려는 뜻을 빼앗았으니 매우 잘못되었다"라고 했다.

　이와 비슷한 세태를 보여주는 일화로, 당시에 허환이란 자는 누구든 힘으로 제압하는 거칠고 야비한 자였는데 경상도 의령에 살던 열녀 강씨를 강간했다. 이에 백성들의 울분이 갈수록 심해졌다고 한다. 그런데 강간을 한 허환은 징계를 받기는커녕 도리어 효자라는 터무니없는 이름을 얻었다. 이에 반해 강간을 당한 강씨는 "자기의 절개를 보존하지 못하고 마침내 허환에게 강간당했으니 어찌 절부節婦이겠는가"라는 비난을 받았다.

　또한 당시에는 지방 수령들이 백성을 가혹하게 다루어 많은 폐단을 일으켰는데, 이 와중에 하층의 여성들은 이중으로 고통을 당하기도 했다. 명종 12년에 평안도 선천 군수 이흔이 손님을 맞아 어떤 관비를 차비差備로 정해 접대하게 했다. 그런데 그 관비는 남편이 있는 몸이라 그녀의 어머니가 다른 관비를 대신 보냈다. 그러자 이흔이 명령에 따르지 않은 것에 노하여 극히 잔인하게 형장, 즉 몽둥이질을 해서 관비는 그날로 죽고 그 남편은 다음 날 죽었으며, 그 어머니는 겨우 살아났다.

이에 사간원에서는 "형벌을 남용한 죄는 그 죄상이 매우 엄중한 것으로 사람의 생명에 관계되니 용서할 수 없는 일이다. 근래 외직에 있는 관원들이 성상이 백성을 살리고자 하는 덕을 본받지 않고 형벌을 남용하는 자가 있어 무죄한 사람이 원통함을 품고 죽음으로써 천지의 화기를 손상하고 수재와 한재의 재변을 부르기에 이르렀으니 참으로 마음 아픈 일이다"라고 했다. 그러면서 이흔을 먼저 파직하고, 형장 남용죄로 처벌하기를 건의했다.

또한 사관도 "백성의 목숨은 수령에게 달려 있는데 수령이 탐욕스럽고 잔인하기가 어느 때보다 심하다. 세금 등을 가혹하게 거두어들이는 것이 날로 심하여, 기한을 정해놓고 독촉하는 것이 유성流星보다도 급하기 때문에 가족을 이끌고 떠돌기도 하고 자결해서 죽기도 하여 울부짖는 고아들과 통곡하는 과부들의 맺힌 원한이 하늘에까지 사무쳤다. 이에 수재와 한재가 거듭 일어나고 나라의 근본도 날마다 병들어갔다"라고 당시의 세태를 꼬집었다.

4장

전쟁터에서의
외로운 결단

진주성에서 맞은 장렬한 최후

●
김천일

조선 중기의 문신인 김천일은 임진왜란이 일어나자 의병을 일으켜 왜적을 물리치는 데 많은 활약을 하다가 진주성이 함락되자 남강으로 몸을 던져 자결한 의병장이다.

그는 진사 김언침의 아들로, 명종, 선조 대의 대유학자 이항의 제자다. 경전을 몸소 실천하고 특히 거경궁리居敬窮理에 힘썼다. 거경궁리는 주자학에서 중시하는 학문 수양의 방법으로, 거경은 내적 수양법으로 몸과 마음을 삼가서 바르게 가지는 일이며 궁리는 외적 수양법으로 사물의 이치를 궁구하여 정확한 지식을 얻는 것을 뜻한다. 또한 그는 인재 육성이 치도의 근본이며, 선비의 풍습을 바로잡고 수령을 잘 임명해야 한다는 등 당시의 폐단을 개혁하는 방안을 건의하기도 했다.

선조 6년1573에 학행이 높다 하여 은일지사隱逸之士로 천거를 받아 군기시 주부가 되고, 그 뒤 용안 현감과 강원도, 경상도의 도사를 지냈다. 사헌부 지평으로 있을 때는 정치의 폐단을 논하는 상소를 올렸다가 임실 현감으로 좌천되기도 했다. 뒤에 담양 부사, 한성부 서윤, 수원 부사 등을 지냈다.

김천일은 1592년 4월 4일에 임진왜란이 발발한 후 서울이 일본군에게 함락되고 국왕이 피란했다는 소식을 듣고, 고경명, 박광옥, 최경회 등에게 의병을 일으킬 것을 촉구하는 글을 보냈다. 그해 5월 고향인 나주에서 송제민, 박환 등과 함께 의병의 기치를 들고 의병 300명을 모아 북쪽으로 출병했다.

북상할 때 수원의 연도에서 의병으로 나선 자들이 합류하고 또 호서 방면에서 모집한 숫자가 크게 늘어나자 그들 군세의 사기가 크게 높아졌다. 김천일의 의병은 수원 독성산성을 거점으로 본격적인 군사 활동을 전개, 유격전으로 개가를 올렸다. 특히 금령전투에서는 일시에 적 15명을 참살하고 많은 전리품을 노획하는 전과를 올렸다.

그들은 8월에 관군과 함께 강화도로 진을 옮겼는데, 이 무렵 김천일은 조정에서 창의사로서 군호를 받았다. 강화도에 포진한 뒤 그는 강화 부사, 전라 병사와 협력해 연안에 방책을 쌓고 병선을 수리해 전투태세를 재정비했다. 강화도는 당시 조정의 명령을 호남, 호서에 전달할 수 있는 전략상의 요충지였다. 이어 9월에는 통천, 양천 지구의 의병까지 지휘했고 매일같이 강화 연안의 적군을 공격했으며, 양천, 김포 등지의 왜군을 무찔러 몰아냈다. 이어서 관군 및 의병과 합세해 양화도전투에서 대승을 거두었다. 또한 일본군의 능원陵園(왕, 왕비나 세자, 세자빈의 무덤) 도굴 행위를 막아내기도 했다.

다음 해인 1593년 정월, 명나라 군대가 평양을 수복하고 개성으로 진격할 때 김천일은 이들의 작전을 도왔으며, 명나라와 일본 사이에 강화가 제기되자 반대 운동을 전개했다. 2월에는 강화도에서 출진해 권율의 행주대첩에 참가했고, 4월에 왜군이 서울에서 철수하자 이를 추격해 상주를 거쳐 함안에 이르렀다. 이때 명일강화가 추진 중인데도 남하한 왜군의 주력은 경상도 밀양 부근에 집결해 동래, 김해 등지의 군사와 합세하여, 제1차 진주성전투의 패배를 설욕하고자 진주성 공격을 서두르고 있었다.

6월 14일에 의병 300명을 이끌고 김천일이 진주성에 입성하자 여기에 다시 관군과 의병 3천 명이 모여들었다. 그는 합세한 관군과 의병의 우두머리인 도절제都節制가 되어 항전 태세를 갖추었다. 12만여 명에 가까운 적의 대군이 6월 21일부터 29일까지 대공세를 감행하자 아군은 불가능한 싸움임을 알면서도 경상 우병사 최경회, 충청 병사 황진 등과 함께 항전했고, 끝내 성이 함락되어 6만여 명이 넘는 군사와 백성이 학살당했다.

이에 김천일은 아들 상건 등과 함께 촉석루에서 남강에 몸을 던져 순절했다. 2차 진주성전투에서 비록 패배하기는 했지만, 그는 일본군도 병력을 많이 잃어 섬진강을 건너 전라도로 진출하지 못하게 하는 혁혁한 전과를 올렸다.

김천일을 자결에 이르게 한 제2차 진주성전투의 상황은 그야말로 치열하고 장렬한 것이었다. 당시 진주에서 왜군이 진격해 들어온다는 급변을 보고하자, 명나라 장수 이여송이 한양에서 휘하의 장수들에게 군사를 전진시키라고 명령했으나 장수들은 적의 형세에 두려움을 느껴 감히 진격하지 못했다. 왜군은 자기들이 30만 대군이라 호언하면서 곧장 진주로 향했는데, 의령 등 여러 고을을 분탕하고 노략질하니 화염이 하늘을 뒤덮었다.

6월 21일에 진주성에 당도한 왜군은 인근의 고을에 군사를 나눠 배치하여 밖의 원조를 막는 한편 본성을 겹겹이 에워싸고 주둔했다. 깃발이 하늘을 가리고 함성이 땅을 진동했으며, 포위된 진주성은 마치 큰 바다에 뜬 외로운 배와 같았다. 그리고 다음 날 왜군이 성을 공격하기 시작하자, 성안에서는 사격을 퍼부어 1진을 물리쳤다. 그러나 저녁 무렵에 왜군이 다시 쳐들어와 한참 동안 공방이 이어졌고, 밤새도록 전진과 후퇴를 되풀이하다가 새벽이 되어서야 그쳤다.

이에 앞서 성안에서는 성 남쪽에 있는 촉석루는 강물과 잇닿아 있는 험한 지형이라 적이 범하지 못할 것이고, 서쪽과 북쪽은 참호를 파서 물을 채웠으니 동쪽만 방어하면 되리라 생각했었다. 그런데 왜군은 뜻밖에도 참호의 물을 빼내고 흙으로 메워 큰길을 만들고, 성 밑을 파서 담장의 큰 돌을 치웠다. 또 성 위에서 화살과 돌덩이로 맹공격을 퍼붓는데도 그들은 아랑곳하지 않고 오로지 성을 허무는 데 집중했다.

이틀에 걸쳐 수차례 접전이 이어지다가, 25일에는 적이 동문 밖에 흙으로 쌓은 토산옥土山屋을 짓고 그 위에서 성을 굽어보며 총탄을 발사했다. 성안에서도 마주 보는 자리에 높은 언덕을 쌓았는데, 황진이 직접 흙을 져 나르고 성안의 양반 부녀자들도 힘을 다해 도왔으므로 하룻밤에 끝마쳤다. 그런 후에 화포의 일종인 현자총玄字銃을 쏘아 토산옥을 파괴하자 적이 물러갔다.

그 이튿날 밤에는 밀고 당기며 크게 싸우다가 새벽이 되어서야 그쳤다. 그런데 적은 또 나무로 궤를 만들어 쇠가죽을 입힌 뒤 각자 짊어지기도 하고 이기도 하면서 탄환과 화살을 막으며 성을 무너뜨리려 했다. 이에 성 위에서는 비 오듯이 활을 쏘고 큰 돌을 연달아 굴려서 격퇴했다. 그러자 적은 큰 나무 두 개를 동문 밖에 세우고 그 위에 판잣집을 만든 뒤 성안으로 불화살을 쏘아 보내, 성안의 초가집에 일시에 불이 번졌다. 그러나 황진이 또 마주 보며 나무를 세우고 판자를 설치해 총을 쏘아 공격을 막았다.

이때 진주 목사 서예원이 겁을 먹고 허둥거리며 제대로 일을 처리하지 못하자, 김천일이 장윤을 임시로 목사에 임명해 진정시켰다. 게다가 큰 비까지 내려 활의 아교가 모두 풀리고 군사들은 먹고 잠잘 겨를도 없어 점점 피로의 기색이 짙어져갔다. 반면에 적은 충분한 병력이 교대하며 나아왔기 때문에 병사들이 지친 기색이 없었다.

이때 왜군이 성안에 글을 보내기를, "중국의 군사도 이미 투항했는데 너희 나라가 감히 항거하겠는가"라 했다. 이에 성안에서 글로 답하기를, "우리나라는 죽음이 있을 뿐이다. 더구나 명나라 군사 30만이 지금 진격 중이니, 너희는 곧 섬멸되고 말 것이다"라 했다. 그러자 적은 중국 군사는 벌써 물러갔다고 야유를 퍼부었다. 김천일이 군사들을 독려하고자 수시로 높은 데 올라가 바라보면서 "명나라 군사가 곧 와서 구원할 것이다" 했지만, 군사들은 잠시 기뻐하다가는 이내 조용해졌다.

다음 날 적이 또 동쪽과 북쪽의 성을 침범해 크게 전투가 벌어졌는데, 김해 부사 이종인이 활약해 물리쳤다. 황진이 순행차 이곳에 이르렀다가 성 아래를 굽어보고 말하기를, "적의 시체가 참호에 가득하니 죽은 자가 거의 천여 명은 되겠다"라고 했다.

그런데 이때 적 한 명이 성 아래에 잠복해 있다가 철탄을 쏘았는데, 방패를 뚫고 황진의 이마에 맞아 황진이 즉사하고 말았다. 용맹하고 지략이 뛰어나 모두 의지하던 황진이 죽자 성안이 이내 흉흉해졌다. 황진을 대신해 무리를 이끌게 된 서예원은 겁에 질린 나머지 혼이 빠져 갓을 벗은 채 말을 타고 울면서 돌아다녔다. 게다가 명망이 황진 다음가는 장윤마저 탄환에 맞아 죽어, 이종인 혼자서 동서로 뛰어다니며 적에 맞서야 했다.

29일에 비 때문에 동문의 성이 무너지자 적의 무리가 개미떼처럼 기어올랐다. 이종인이 친병親兵과 더불어 칼과 창을 들고 육박전을 벌인 끝에 그들을 몰아냈지만, 왜군은 김천일이 지키는 서쪽과 북쪽 성문은 병력이 미약하다는 것을 알고 작전을 바꿔 그쪽으로 대거 진격해 왔다. 이에 군사들은 제대로 버텨내지 못했고, 적이 결국 성에 올라와 병기를 휘두르자 성벽을 지키던 군사들은 흩어져 촉석루로 들어갔다.

촉석루에서 김천일은 최경회, 고종후 등과 청당廳堂에 나란히 앉아서는 "여기를 우리가 죽을 장소로 합시다" 하고는 술을 가져오게 했는데, 술을 지니고 있던 자도 이미 달아난 뒤였다. 이에 김천일은 불을 지르라 명해 스스로 타 죽으려 했으나 적이 벌써 촉석루로 올라온 것을 보고는 그 아들 상건 및 최경회, 고종후, 양산숙 등과 함께 북쪽을 향해 두 번 절하고 강에 몸을 던졌다.

이종인은 이곳저곳에서 싸우다가 남강에 이르렀는데, 양팔로 왜군 두 명을 끼고는 크게 소리치기를, "김해 부사 이종인이 여기에서 죽는다" 하며 강에 몸을 던졌다. 이때 진사 문홍헌, 정자 오차, 참봉 고경형 등도 모두 따라 죽었다. 서예원은 성을 버리고 숨어 있다가 왜군에게 살해당했고, 그의 처와 맏며느리, 시집가지 않은 딸은 모두 남강에 투신했다.

성이 일단 함락되자 적은 대대적으로 도륙을 자행했다. 판관 성여해를 비롯한 여러 장령도 모두 살해되었다. 거제 현령이자 수성부대장 김준민은 단독으로 말을 달리며 거리에서 싸웠는데, 왜군이 종일 그를 추격했으나 탄환과 칼이 모두 명중하지 않았으며 끝내 그가 어디에서 죽었는지 알지 못했다.

　성안의 부녀자들도 앞을 다퉈 강에 뛰어들어 시체가 강을 메웠다. 이 전투로 죽은 자가 대략 6만 명이 넘었으며, 적이 성곽을 헐고 가옥을 불 태웠기 때문에 성이 온통 폐허가 되었다. 성이 포위당한 9일 동안은 밤 낮으로 벌인 크고 작은 전투가 100여 차례나 되었으며, 죽은 왜군도 상 당했다. 그러나 중과부적인 데다가 외부에서 원조가 이르지 않았으므로 사실 패하는 것은 시간 문제였다.

　이처럼 참혹하고도 장렬한 제2차 진주성전투에서 김천일을 비롯한 수 많은 장수와 백성은 전사하거나 스스로 목숨을 끊음으로써 왜적에게 끝 까지 저항했다. 그들의 값진 희생이 밑거름이 되어 마침내 전쟁을 승리로 마무리할 수 있었으니 그들의 죽음은 결코 헛되지 않은 것이었다.

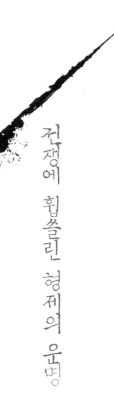

전쟁에 휩쓸린 형제의 운명

파죽지세로 몰려오는 왜적을 막아내지 못하고 탄금대에서 몸을 던져 자결한 신립 장군은 어릴 때부터 글 읽기보다 무예 닦기를 좋아한 인물이었다. 그는 22세 때 무과에 급제한 뒤 선전관, 도총관 등의 벼슬을 거쳐, 외직인 진주 판관으로 나갔다.

선조 16년1583 온성 부사로 있을 때 이탕개가 거느린 야인들이 침입하여 훈융진訓戎鎭을 공격, 첨사 신상절이 위급하게 되자 그는 유원 첨사 이박 등과 합세하여 적병 50여 명의 목을 베고 이어 적군을 추격해 두만강을 건너가서 그들의 소굴을 소탕했다. 또 경원부에 침입한 야인들 및 같은 해 5월 종성에 쳐들어온 이탕개의 1만여 군대를 물리쳤다. 평상시에 철기鐵騎 500여 명을 정병으로 훈련해 그 민첩함이 귀신같아 야인들이 모두 감복했다고 한다. 북방의 전승이 보고되자 조정에서는 1584년 3월에 그를 함경도 북병사로 임명하고, 환도環刀(군복에 착용하는 군사용 칼) 등을 하사했다.

1592년 임진왜란이 일어나자 조정에서는 그를 삼도순변사로 임명하고 보검을 하사했다. 이에 그는 부장 김여물 및 군관 80명과 백성 수백 명을 모병해 충주로 떠났다.

이어 조령 고개에서 부장 몇 사람을 거느리고 지형을 살피는데, 군관 60여 명과 군졸 4천여 명을 이끌고 남하했던 순변사 이일이 경상도 상주에서 왜군에게 패하여 쫓겨 와 그 앞에 무릎을 꿇고 죽여줄 것을 청했다. 그러나 신립은 이일의 재주를 아껴 용서하고 오히려 선봉장으로 삼았다. 이일은 왜군의 정세가 대적할 수 없을 정도로 대군이라고 보고했다.

이에 김여물 등이 아군의 수가 열세임을 들어 지형이 험한 조령에서 잠복하고 전투를 벌일 것을 주장했다. 그러나 신립은 기병 활용을 극구 주장하며 군대를 돌려 충주성 서북 4킬로미터 지점에 있는 탄금대에 배수의 진을 치고 전투에 임할 준비를 했다.

그러나 4월 28일에 고니시를 선두로 한 왜군이 대대적으로 공격해 오자 수적 열세로 포위되어 참패를 당하고 말았다. 그 결과 아군의 힘을 믿고 미처 피란을 하지 않았던 충주 백성들이 많은 희생을 당했다. 신립은 아군이 전멸하자 김여물, 박안민 등과 함께 남한강에 뛰어들어 순절했다. 뒤에 영의정에 추증되었으며, 그의 아들 신경진은 인조반정의 공신으로서 병자호란 당시 영의정을 지냈다.

한편 신립 장군의 형도 뒤이어 자결했다. 그해 8월에 신립의 형인 유학幼學 신급은 어머니를 모시고 이천 지방으로 피란하다가 적병을 만나 쫓기자 어머니와 함께 절벽에서 투신했다. 그의 80세 노모는 다행히 죽지는 않았으나 발을 다쳐 양식이 끊긴 채 그대로 굶어 죽기를 기다려야 했다.

신급은 성품이 강직하여 의논이 준엄했으며, 총명하고 역사에 밝았다고 한다. 선조 16년1583 붕당 간의 조정을 자임한 병조판서 이이에게 불만을 가진 동인 계열의 인사들이 이이의 작은 과실을 공격하자, 그는 유학으로서 이를 사악한 논의로 단정하고 사림의 화를 불러일으킨다고 탄핵하는 상소를 올렸다. 그 상소를 본 선조는 충성으로 나라에 보답한 사기士氣의 표상이라며 칭찬했고, 특히 당시 여진족 이탕개의 침입을 격퇴한 동생 신립의 기상과 상통한다는 비답을 내리고 6품 관직을 하사했다. 그 뒤 정권을 장악한 서인의 지도자인 정철에 의해 천거되었으나 거절하고 재야에서 처사處士로 생활했다.

이렇게 해서 전쟁 통에 신립과 신급은 목숨을 잃고 말았지만, 그들의 형 신잡은 임진왜란을 견디고 살아남았다. 전쟁 직후 충주에서 패전 소식이 들려온 뒤 선조가 도성을 떠나 피란하려 하자 신잡은 필사적으로 임금을 말렸다고 한다. 당시에 우승지로 있던 그는, "전하께서 만일 신의 말을 따르지 않으시고 끝내 파천하신다면 신의 집엔 팔순 노모가 계시니 신은 종묘의 대문 밖에서 자결할지언정 감히 전하의 뒤를 따르지 못하겠습니다"라면서 파천을 만류했다. 그는 임진왜란이 끝난 뒤에 선조의 총애를 받으면서 병조판서와 개성 유수까지 지내고 평천부원군에 봉해졌다.

신립을 따라 강에 투신하다

　　신립과 함께 순절한 김여물은 선조 즉위년인 1567년에 진사시에 합격하고 선조 10년1577에 알성문과에 장원으로 급제했다. 문무를 겸비했으나 성품이 호탕하고 법도에 얽매이는 것을 싫어해 높은 벼슬에는 등용되지 못했다. 충주 도사, 담양 부사를 거쳐 1591년에 의주 목사로 있던 그는 서인 정철의 당으로 몰려 파직되어 의금부에 투옥되었다. 1592년 임진왜란이 일어나자 도체찰사 유성룡이 무략에 뛰어남을 알고 옥에서 풀어 자기 휘하에 두려고 했다. 그런데 도순변사로 임명된 신립이 그를 자신의 종사관으로 임명해줄 것을 간청해 신립과 함께 출전하게 되었다.

　　신립은 충주 단월역에 이르러 군졸 몇 명을 이끌고 왜적의 북상로인 조령의 형세를 정찰할 때, 상주에서 패주해 온 순변사 이일을 만나 조령

방어의 어려움을 알고 충주로 가 배수의 진을 치기로 결정했다.

그러나 김여물은 이에 반대하며, 적은 수의 군사로 많은 적을 물리치려면 먼저 조령을 점령해 지키거나 또는 평지보다는 높은 언덕을 이용해 왜적을 역습하는 것이 좋겠다고 강력히 주장했다. 그러나 이 의견은 받아들여지지 않았고, 결국 그는 충주 달천에서 배수의 진을 치고 신립을 따라 탄금대 아래에서 용전분투하다가 패배하고 강에 투신하여 순국했다.

그는 충주 싸움의 패배를 예견하고 아들 김류에게 "삼도三道의 근왕병을 요청했으나 한 사람도 응하는 자가 없다. 우리가 힘을 다해 싸우지만 아무런 도움이 없으니 안타깝다. 남아가 나라를 위해 목숨을 바치는 것은 본시 바라는 바지만 나라의 수치를 씻지 못하고, 또 장한 뜻이 끝내 이루어지지 못하고 한갓 재가 되어버리니 하늘을 우러러 한숨만 지을 뿐이다"라는 유언을 남겼다. 또 가족에게는 "내가 이곳에서 죽더라도 우리 일가는 모두 임금님이 계시는 행재소로 가서 돕되 결코 난을 피해 다른 곳으로 도망치지 말라" 하고 경계했다.

김여물은 광해군 초에 그 충절을 기려 정문이 세워졌고, 영의정으로 추증되었으며 장의壯毅라는 시호를 받았다. 순조 대에는 신립 등과 함께 순절한 충주 달천의 옛터에 제사를 지내 충절을 기렸다.

그의 아들 김류는 신립의 아들 신경진 등과 함께 인조반정에 성공하여 영의정에까지 올랐다. 임진왜란 때 함께 순절한 신립과 김여물의 아들이 또 함께 인조반정을 일으키고 나중에 모두 영의정까지 올랐으니 대단한 인연이다.

이렇게 김여물은 임진왜란 때 순절했는데, 안타깝게도 그의 후처와 며느리 등 4대가 병자호란 때 자살하여 절개를 지킨 것으로도 유명하다. 그의 후실 평산 신씨, 아들 김류의 처 진주 유씨, 손자 김경징의 처 고령

박씨, 증손자 김진표의 처 진주 정씨는 오랑캐에게 몸을 더럽히지 않기 위해 한꺼번에 자결했다. 아내, 며느리, 손자며느리, 증손자며느리까지 4대가 한꺼번에 목숨을 던진 것이다. 조정에서는 그들의 절개를 기리기 위해 정문을 내려주었는데, 이를 '사세충렬문'이라 했다.

　사세충렬문은 현재 경기도 안산시에 있으며, 건물 안은 두 칸으로 나뉘어 있다. 오른쪽 칸에는 김여물의 충신 정문이 있고, 왼쪽 칸에 4대 열녀의 정문이 있다. 지금의 건물은 1979년에 중수한 것으로, 1983년 경기도 문화재자료로 지정되면서 다시 보수되었다.

김준

처자와 함께 불어
몸을 던지다

　김준은 고려의 명장 김취려의 14대손으로, 처음에는 학문에 뜻을 두었으나 뒤에 무예를 더욱 연마하여 선조 38년1605 무과에 급제, 부장部長을 거쳐 선전관이 되고 이어 강화도의 교동 현감을 지냈다. 모친상을 마치고 다시 선전관에 임명되었지만 광해군의 난정에 실망하여 고향인 전라도 고부로 내려가 10년 동안 벼슬하지 않고 시골에 숨어 지냈다.

　1623년 인조반정 직후 그는 도총부 도사가 되고, 경력經歷을 거쳐 죽산 부사로 나갔다. 이듬해 이괄의 난 때는 후영장後營將으로 임진강 상류에 있는 영평산성을 지켰으며, 난이 평정된 뒤에는 의주 부윤, 봉산 군수 등을 역임했다. 1625년 통정대부로 승진하여 황해도 안주 목사 겸 방어사가 되었다.

인조 5년1627 정묘호란이 일어나 후금군에게 안주성이 함락될 위기에 처하자 그는 처자와 함께 분신자살했다. 이때 적병이 갑자기 들이닥치자 힘껏 싸웠으나 화살이 다하자 불에 몸을 던져 자결했다고 한다. 죽은 후 좌찬성에 추증되었으며, 고부의 정충사, 안주의 충민사에 제향되었다.

그가 자결한 뒤 효종 8년1657에 고부의 선비 김양기 등은 그 고장 출신 충신인 김준, 송상현, 신호를 제향하는 사당을 짓고 상소를 올려 다음과 같이 사액賜額을 요청했다.

> 충신과 절사節士에 대해 그 고향에 사당을 세워주는 것은 고금의 통의通誼이며, 사액하여 표창하는 것은 국가의 법도입니다. 충신 증 이조판서 송상현과 증 형조판서 신호와 증 우찬성 김준은 본군 사람입니다. 이 세 신하는 행적이 없어지지 않았고 국가에 좋은 사책史冊이 있어서 사람들이 누구나 보고 듣는 바니, 실로 신들이 의논할 바가 아닙니다. (…) 아, 이 세 신하가 나고 자란 땅에 어찌 한 고을에서 보답하는 제사가 없을 수 있겠습니까. 재목을 모으고 장인을 모아 사우祠宇를 완성했으니, 봄가을로 향불을 피울 때 제사할 장소가 있게 되었습니다. 삼가 생각건대 호남의 여러 군에서 임진왜란과 정유재란 때 의리를 세워 적병을 토벌하고 몸을 던져 나라에 보답한 사람으로 고경명 부자와 김천일, 조헌 등 여러 신하는 그들의 소재지에 따라 사당이 세워져 제사를 받으며 모두 사액의 은혜를 입었습니다. 청컨대 해당 기관에 명하여 전례에 따라 거행하게 하십시오.
>
> 《효종실록》 권18, 8년 2월 갑오

이에 효종은 대신들과 논의한 끝에 '정충旌忠'이라는 사당의 명칭을 내려주었다.

김준과 함께 제향된 송상현은 동래 부사로 있다가 임진왜란이 일어나자 가장 먼저 왜적의 공격을 받았는데, 관복을 입고 걸상에 앉아 직접 적을 쏘면서 임금과 신하 사이의 의리는 무겁고 아버지와 아들 사이의 은혜는 가볍다 하여 북쪽을 향해 두 번 절하고 죽을 때까지 발길을 돌리지 않았다. 적들도 그를 의롭게 여겨 그의 시체를 거두어 장사지내고 나무를 세워 표시했다고 한다.

신호는 1597년 정유재란이 일어나자 젊은 나이에 붓을 던지고 나라를 위할 뿐 죽음도 잊고서 두 번이나 해전에 나갔다. 그러다 끝내는 명나라 장수와 함께 남원을 지킬 때 미리 이름을 써서 의관 속에 넣어 자기 집 사람에게 보내고는, 성이 함락될 때까지 힘껏 싸우다가 죽었다.

●
김상용

　우의정을 지낸 김상용은 병자호란 당시 왕족을 호위해 강화도로 피란했다가 강화성이 함락되자 자결한 최고위 관리였다. 인조 15년 1월 성의 남문 누각에 올라가 앞에 화약을 장치한 뒤 좌우를 물러가게 하고 불 속에 뛰어들어 죽었는데, 열세 살짜리 어린 손자 김수전과 종 한 명도 따라 죽었다.

　그는 선조 15년1582에 진사가 되고 선조 23년 증광시 문과에 급제하여 승문원 부정자, 예문관 검열이 되었다. 임진왜란이 일어나자 강화도로 피란했다가 양호兩湖 체찰사 정철의 종사관이 되어 왜군 토벌과 명나라 군사 접대로 공을 세워 1598년 승지에 발탁되었다.

　그 뒤 왕의 측근으로 전란 중의 여러 사무를 보필했으며, 성절사로서

●

명나라에 다녀오기도 했다. 1601년 대사간이 되었으나 북인의 배척을 받아 정주 목사로 좌천되었다. 이후 지방관을 전전하다가 광해군이 즉위한 1608년에 잠시 한성 우윤, 도승지를 지낸 뒤 계속 한직에 머물렀다.

폐모론이 일어나자 김상용은 이에 반대해 벼슬을 버리고 원주로 거처를 옮겨 화를 피했다. 인조반정 후 판돈녕부사에 기용되었고, 이어 병조, 예조, 이조의 판서를 역임했으며 정묘호란 때는 유도대장으로서 서울을 지켰다. 인조 10년1632 일흔이 넘은 나이로 우의정에 발탁되었으나 늙었다는 이유를 들어 바로 사퇴했다.

이이와 성혼의 제자인 그는 시와 글씨에 뛰어났고, 판서를 역임한 김상헌의 형이다. 정치적으로는 서인에 속하면서 인조 초에 서인이 노서老西와 소서少西로 갈리자 노서의 영수가 되었다.

병자호란 당시 강화도가 함락될 때 김상용은 적병이 대거 이르렀다는 말을 듣고 새벽에 봉림대군을 따라 나루터에 갔는데, 적의 배가 건너오려고 하는데도 막는 자가 없는 것을 보고 나라의 일이 이미 글렀다는 것을 알았다. 이에 그는 말하기를,

> 적이 강을 건너니 일이 어쩔 수 없게 되었다. 늙고 병든 전직 정승은 직접 맡은 일도 없는데, 산성의 안위도 알 수 없고 이 강화도도 함몰되니, 나는 한번 죽는 일이 있을 뿐이다.
>
> 《인조실록》 권35, 15년 10월 임술

이라 하고는 결국 남문에 가서 자결했다.

그런데 그가 자결한 직후 담배를 피우다가 불을 내서 타 죽었다는 등 그의 죽음을 둘러싸고 여러 가지 논란이 일었다. 그러자 몇 달 뒤인 인조

15년1637 10월에 그의 아들 김광환과 김광현 등이 임금에게 상소를 올려 아버지의 죽음이 자결이었다고 주장했다. 즉 "신들은 모두 죄짓고 죽지 않았던 질긴 목숨으로서 뜻밖에 억울함을 당하여 어쩔 수 없이 아룁니다"라면서 진상을 밝혔다

그들의 주장에 따르면, 김상용이 자결하기 직전에 함께 있던 대신들이 나중에 조문하러 와서 그가 남문에서 자결했다는 말을 했으니, 이것으로 보면 그의 아버지가 절의를 지켜 죽은 것이 분명하다고 했다. 또한 김상용이 담배를 피우다가 불을 내서 타 죽었다고 말하는 사람이 있지만 그는 원래 담배를 싫어해서 입에 가까이 한 적이 없다고 했다. 이것은 온 세상이 다 아는 바인데, 어찌 죽고 사는 일이 앞에 닥쳤을 때 도리어 평생에 싫어하던 물건을 가까이 했겠느냐고 되물었다. 그리고 입었던 옷을 벗어 하인에게 준 것은 이미 자결할 결심을 했다는 사실을 말해준다고 주장했다.

또 그들에 따르면, 김상용은 성의 문루에 이르렀을 때 적이 이미 가까이 다가온 것을 보고는 화약 옆에 다가앉은 사람을 물러가게 했다. 그러고서 종을 불러서 불을 가져오라고 했으나 종이 머뭇거리면서 바치지 않자, 거짓으로 말하기를 "담배를 피우려고 하니 빨리 가져오너라" 해서 하인이 불을 바치게 했다. 이때 서손 김수전이 옆에 있었는데, 김상용이 종을 돌아보며 "이 아이를 데리고 내려가라" 했으나 수전이 그를 껴안으면서 "나도 할아버지를 따라 죽겠습니다"라 했다. 마침내 그가 화약 가운데에 불을 던지자 세찬 불꽃이 갑자기 일어 문루와 함께 날아갔다. 김상용의 아들들은 일이 이렇게 되었기 때문에 누군가 김상용이 담배를 피우다가 불을 내서 죽었다는 말을 만들어낸 것이라 했다. 또한 당시에 김상용이 솔직하게 "불을 가져오너라. 내 스스로 불살라 죽으려 한

다"라고 했다면 누가 시키는 대로 따랐겠느냐고 반문했다.

계속해서 그들은, "신들이 강화도에 들어가 죽은 아비의 시신을 거의 10일 동안 찾았는데, 성안 사람이 와서 그 일을 자못 상세히 말했고, 더러는 자기 친족이 남문에서 같이 죽은 자가 있어 울부짖으며 원망하여 말하기를 '어찌하여 혼자 죽지 않고 남도 같이 죽게 했는가' 했습니다. 이것은 우부우부마다 헐뜯고 칭찬하는 말은 다르지만 신의 아비가 자결한 사실은 감출 수 없는 것입니다. 서울 사는 늙은이 염용운이라는 자는 강화도로 피란하여 신의 아비가 자결할 때 문루 위에 있었습니다. 신의 아비가 낯빛을 돋우어 꾸짖어 물리치므로 드디어 원망스레 내려가 겨우 문 앞에 이르자 불이 났으니, 비로소 물리친 까닭을 알았다 합니다. 이것은 다 신의 아비가 자결한 일의 사정을 사람들이 보고 들은 것입니다"라면서 아버지 김상용의 자결이 확실함을 입증하고자 했다.

그런데 김상용이 자결한 직후 인조가 내린 제문을 보면 그가 스스로 타 죽은 것이 분명하지 않다거나 자결이 거짓이라는 등의 언급이 있었다. 인조도 처음에는 김상용의 자결을 믿지 않은 것이다. 이에 김상용의 아들들은 앞의 상소에서 "일월 같은 밝은 지혜로도 이르지 못하는 바가 있겠지만, 신의 아비가 자결한 것을 분명하지 않다고 여기신 것입니다. 신의 아비는 지위가 정승에 이르렀고 나이가 여든에 가까웠으므로 나라를 위해 한번 죽으면 소원은 끝납니다. 어찌 죽은 뒤의 명예를 위하겠습니까. 국가에서 칭찬하여 총애하더라도 신의 아비가 바라는 것이 아니며, 억제하여 버려두더라도 신의 아비가 억울하게 여길 것이 아닙니다. 그러나 그 아들로서 지극히 원통한 것은 어찌 끝이 있겠습니까. 신에게 감히 바람이 있는 것은 아니나 감히 임금을 스스로 멀리할 수 없으므로 그 실상을 통촉하시기를 바라는 것입니다"라고 하여 아버지의 자결을 인정해줄 것을 호소했다.

이에 인조는 "경들의 아버지 일은 같이 타 죽은 자가 매우 많으므로 내가 이것을 의심하여 감히 가벼이 허락하지 못했다. 경들의 말은 이러하더라도 일이 매우 중대하니, 해당 관서를 시켜 조사하여 처리하겠다"라고 답변했다. 이어서 그 상소를 예조에 내렸는데, 예조에서는 "김상용의 일은 강화도 유수 윤이지가 불에 타서 죽었다고 했고, 신들도 변란에 임해 분사하여 절의가 드러났다는 말을 들었으므로, 정표할 종류로 정부에 보고했습니다. 이제 하교가 이러하시니, 다시 강화도에 공문을 보내 명백히 살펴서 아뢰게 하겠습니다"라고 했다.

그러자 인조는 당시 강화도에 있던 대신과 종친 들에게 물어서 보고하라고 지시했다. 이에 전쟁 당시 묘사제조로서 신주를 모시는 책임을 맡고 강화도에 있었던 영중추부사 윤방에게 묻자, "그날 적병이 대거 나룻가에 이르렀다는 말을 듣고 모두 관문館門 밖에 모였는데, 김상용이 나루에서 돌아와서는 적이 반드시 강을 건널 것이라고 말했다. 또 김상용이 나에게 말하기를 '공公은 이미 종묘사직의 신주를 모셨으므로 나와는 다르니 나의 죽음보다 쉽지 않을 것이다'라고 했다. 말이 끝나기도 전에 적의 기병이 이미 남쪽 언덕에 이르렀으므로 서로 한 번 읍하고 흩어졌는데, 이윽고 화약이 터지는 소리를 듣고 놀라 일어나서 남문을 보니 세찬 불이 하늘에 치솟았다. 늙은 하인을 시켜 탐문했더니 김상용이 화약으로 자결했다고 대답했고, 군관을 시켜 다시 알아보게 했더니 그들도 같은 대답을 했다"라고 답변했다. 또 김상용이 작별할 때 한 말을 이미 들었으므로 그가 자결한 것을 믿고 그 사이에 의심한 적이 없다고도 했다.

이어서 종친인 회은군 이덕안과 진원군 이세완도, "그날 오시낮 11시~1시에 남문에서 불이 나 세찬 불꽃이 하늘에 치솟으면서 문루와 함께 날아갔으므로 성안이 들끓고 저마다 황급히 달아났는데, 와서 전하는 자가 다 김 정승이 스스로 분사했다고 했다"라고 답변했다.

이처럼 병자호란 당시 강화도에 들어갔던 대신과 종친 들의 말을 모두 들어본 예조에서는, 김광환 등이 아버지를 위해 억울함을 하소연한 상소는 거짓이 아닌 것 같다면서, 전에 건의한 대로 강화부를 시켜 다시 더 살펴서 보고하게 하여 처리하는 것이 마땅하겠다고 했다.

이와 같이 김상용이 자결한 후 한때 그 죽음을 둘러싸고 스스로 분신한 것이 아니라 실화失火 때문이라는 설이 제기되어 논란이 있었다. 그러나 여러 대신과 종친의 변호로 결국 자결로 결론이 났다. 이에 따라 조정에서는 정려문을 세워주고 문충文忠이라는 시호를 내렸으며, 영조 34년 1758에는 영의정을 추증했다. 또한 강화도 사람들은 국가가 위망에 처하자 먼저 의리를 위해 목숨을 바쳤다 하여 충렬사라는 사당을 세워 제사를 지냈으며, 양주의 석실서원 등에도 제향했다.

강화도가 함락되자 김상용 외에도 많은 이가 스스로 목숨을 끊었다.
병자호란이 끝난 지 1년 뒤인 인조 16년1638 3월에 관계 기관에서 조사
해서 올린 보고에 따르면, 병자호란 때 강화도에서 순절한 사람이 150여
명에 달했다. 대부분 적이 쳐들어오자 자결한 사람들이었다.

우선 김상용과 함께 분신자살한 이들을 보면, 우승지를 지낸 홍명형
은 임금이 서울을 떠나던 날 미처 임금의 수레를 호위하여 따르지 못하
고 강화도에 들어갔다가 김상용을 따라 남문 누각의 불 속에 뛰어들어
죽었는데, 뒤에 이조판서로 추증되었다.

생원 김익겸은 참판 김반의 아들로 사마시에 장원을 했고 성균관에
서 공부할 때 이름을 떨쳤다. 그 또한 어머니를 모시고 강화도에 피란

중 적이 이르자 남문 누각에서 김상용을 따라 죽었다. 그의 어머니가 장차 자결하려고 아들을 불러다가 이별의 말을 하자 김익겸은 울면서 말하기를, 내가 어찌 차마 어머니가 죽는 것을 보겠는가 하고는 떠나지 않고 함께 타 죽었다고 한다.

참판 권진기의 아들 별좌 권순장은 김익겸과 함께 남문에 갔는데, 김상용이 불을 붙이기 전에 그들에게 피하라고 했으나 듣지 않고 함께 죽었다. 권순장과 김익겸은 현종 2년에 부제학 유계의 건의에 따라 충렬사에 배향되고 사헌부 지평에 추증되었다.

한편 좌랑 송방조의 아들로 사복시 주부였던 송시영은 평소 충효에 힘썼는데, 강화도가 함락되자 먼저 스스로 염습할 기구를 마련해놓은 뒤 정신과 기운을 편안히 하고 목을 매어 죽었다.

전 사헌부 장령 이시직은 적이 성에 들어오자 송시영에게 말하기를, "우리가 고인古人의 글을 읽었는데, 오늘날 구차스럽게 살 수 있겠는가?" 했다. 송시영이 먼저 죽자 구덩이를 두 개 파서 한쪽 구덩이에 시신을 수습한 뒤에 말하기를, "나를 묻어라" 했다 한다. 그러고는 목을 매기 전에 다음과 같은 글을 지어 아들 경에게 부쳤다.

장강長江의 요새를 잘못 지켜 오랑캐 군사가 나는 듯 강을 건넜는데, 취한 장수가 겁을 먹고 나라를 배반한 채 욕되게 살려고 하니, 파수하는 일은 와해되고 만백성은 도륙을 당했다. 더구나 저 남한산성마저 아침저녁으로 곧 함락될 운명인데 의리상 구차하게 살 수는 없으니, 기꺼이 자결하여 살신성인함으로써 천지간에 부끄러움이 없고자 한다. 아, 내 아들아, 조심하여 목숨을 상하지 말고 돌아가 유해를 장사지낸 뒤, 늙은 어미를 잘 봉양하며 고향에서 숨어 살고 나오지 마라. 구구하게 마지막으로 바라는 것은 네가 나의 뜻을 잘 잇는 데 있다.

《인조실록》 권34, 15년 1월 임술

다음으로 돈령부 도정都正 심현은 병자호란 발발 초기에 강화도에 들어가 자결할 것을 맹세했다. 적의 공격을 받던 날, 가족이 배로 떠날 준비를 하고 피하도록 청했으나 듣지 않고 직접 상소를 쓰기를, "뜻하지 않게 흉적이 오늘 갑곶 나루를 건넜으니, 종사가 이미 망하여 어떻게 할 수가 없습니다. 신은 부인과 함께 진강鎭江에서 죽어 맹세코 두터운 은혜를 저버리지 않으려 합니다" 했다. 그러고는 의복을 갖추어 입고 북쪽을 향해 네 번 절한 뒤 목을 맸으며, 그의 아내도 손을 씻고 옷을 갈아입은 뒤 함께 죽었다.

인조는 그의 상소를 보고 말하기를, "국가가 심현에게 별로 은택을 내려준 일이 없는데, 난리에 임하여 절개를 지키다가 죽기를 중신들보다 먼저 했으니 대현大賢이 아니고서야 어찌 이렇게까지 하겠는가. 그의 처 송씨가 함께 죽은 절개 또한 매우 가상하다. 해당 관서에서 함께 정문하고 그 자손을 등용하게 하여 그 충렬을 드러내라" 하고 명했다. 심현은 이시직, 송시영 등과 함께 뒤에 충렬사에 배향되었다.

그리고 사헌부 장령 정백형은 관찰사 정효성의 아들인데, 그의 고조부 이하 4대가 모두 절의와 효도로 정문이 세워져 표창되었다. 정효성이 연로한 데다 병까지 위독해 부자가 강화도에 피란했는데, 적이 성에 침입하자 정백형은 아버지를 돌보면서 떠나지 않았다. 그러다가 적이 대거 쳐들어와 노략질을 하자 조복朝服을 갖추고 남한산성을 바라보며 네 번 절한 뒤 목을 맸으며, 그의 두 첩도 함께 죽었다.

충의위 민성은 여양군 민인백의 아들로, 병자호란이 일어나자 가족을 이끌고 강화도에 들어가서 세 아들과 함께 의병에 편입되어 성터를 지켰다. 그러다가 오랑캐가 강을 건너와 사태가 수습할 수 없게 되어 사람들이 도망가자고 권하자, "사대부가 의병으로 나섰는데 일이 급하다고 먼저 달아나서야 되겠는가? 살기 위해 요행히 면하려는 것은 내 뜻이 아니다"라고 했다. 그리고 세 아들을 돌아보고 말하기를, "행재소의 소식을 듣지 못했고, 강토가 얼마나 남아 있는지 모르는데 내 어찌 구차하게 살겠는가? 오늘날의 의리는 오직 정결한 곳에 가서 조용히 죽는 것뿐이다" 하고는 아들 민지박, 민지흑, 민지익과 며느리 이씨, 김씨, 류씨와 장녀인 최여준의 아내, 차녀인 처녀 세 사람과 첩 우씨 등 12명이 전등사의 흙집 밑에서 같은 날에 순절했다. 그리고 서자 한 명이 뒤에 도착해 온 집안이 모두 죽었다는 말을 듣고 또한 자결했다. 그야말로 한 가족 13명 모두가 한날한시에 같은 곳에서 자결한 것이다.

뒤에 송시열은 그들을 위해 전傳을 지어 추모하면서, "당시에 절의로 죽은 집이 물론 많았지만 민공의 집안처럼 순수한 집은 없다. 민공처럼 의리만 알고 자신의 몸을 모른 자는 고금 천하에 참으로 드물다"라고 했다.

문정공 이재도 그들의 순절을 찬미하기를, "비록 일월日月과 더불어 빛을 다툴 만하다 하더라도 괜찮을 것이다"라 했다. 또 "우리 동방 예의의 나라가 백세에 빛남이 더 나게 된 것은, 바로 민공 일문一門의 공로다"라고 했다.

또한 정조 14년1790에 민성의 5대손 민광의가 입시入侍했을 때, 임금이 민성 일가가 순절한 자초지종을 물어보고 나서 하교하기를, "민성의 12정문은 더욱 우뚝 뛰어나 한 집이 한때 순절한 이가 12명이나 되었다. 이러한 절의를 어찌 정문과 증직으로만 그쳐서야 되겠는가? 특별한 표창을 이 집에 시행하지 않고 어디에 시행하겠는가? 이제 비로소 깨닫고 나니

고루했다는 것이 몹시 한스럽다. 민성에게 정경正卿을 더 추증하고 시호를 내리라" 했다. 이어 그의 자손을 등용하는 은전을 시행하라고 했다.

이들 외에도 유생과 부녀자로서 변란을 듣고 자결하거나 적을 만나 굴복하지 않고 죽은 사람은 이루 다 기록할 수 없을 정도였다.

정온·김상헌

치욕스러운 항복 결정

정온은 어려서부터 당시 경상우도에서 명성이 자자하던 정인홍에게 사사하여 그의 강직한 기질과 학통을 전수받았다. 선조 39년1601에 진사가 되고, 광해군 2년1610 별시 문과에 급제해 시강원 설서, 사간원 정언을 역임했다. 영창대군이 살해되자 격렬한 상소를 올려 비난했으며, 당시 일어나고 있던 폐모론의 부당함을 주장했다. 이에 광해군이 격노하여 제주도에 위리안치시켰다. 그 뒤 10년 동안 유배 생활을 하던 그는 인조반정 후 광해군 대에 절의를 지킨 인물로 지목되어 대사간, 대제학, 이조참판 등의 요직을 지냈다. 인조 14년1636 병자호란이 일어나자 이조참판으로서 명나라와 조선 사이의 의리를 내세워 최명길 등의 화의 주장을 적극 반대했다.

그 뒤 정온은 관직을 단념하고 덕유산에 들어가 조용히 살다가 세상을 떠났으며, 숙종 대에 절의가 높이 평가되어 영의정에 추증되었다. 그는 김상헌과 더불어 조선 후기 숭명배청 사상의 중심인물로 여겨진다.

병자호란 때인 인조 15년 1월, 강화도가 함락되고 항복이 결정되자 정온은 오랑캐에게 항복하는 수치를 참을 수 없다면서 차고 있던 칼을 빼어 스스로 배를 찔러 자결을 기도했지만, 중상만 입고 죽지는 않았다. 그는 자결을 시도하기 직전에 다음과 같은 시 두 편을 지었다.

> 사방에서 들려오는 대포 소리 천둥과 같은데
> 외로운 성 깨뜨리니 군사들 기세 흉흉하네
> 늙은 신하만은 담소하며 듣고서
> 모사茅舍에다 견주어 조용하다고 하네.

> 외부에는 충성을 다하는 군사가 끊겼고
> 조정에는 나라를 파는 간흉이 많도다
> 늙은 신하 무엇을 일삼으랴
> 허리에는 서릿발 같은 칼을 찼도다.

그러고는 또 의대衣帶에다가 다음과 같은 맹세의 글을 썼다.

> 군주의 치욕 극에 달했는데
> 신하의 죽음 어찌 더디나
> 이익을 버리고 의리를 취하려면
> 지금이 바로 그때로다

대가大駕를 따라가 항복하는 것
나는 실로 부끄럽게 여긴다
칼 한 자루가 인仁을 이루나니
죽음 보기를 고향에 돌아가듯.

《인조실록》 권34, 15년 1월 무진

즉 항복에 반대하고 의리를 취하기 위해 고향에 돌아가듯이 자결하겠
다는 결연한 의지를 나타낸 것이다.

자결 기도 3일 후에 정온은 이조참판으로서 간단한 상소 한 통을 임
금에게 올렸다. 여기에서 그는 "신이 자결하려고 했던 것은 바로 전하의
오늘날의 일을 차마 볼 수 없어서인데, 실오라기 같은 잔명이 사흘 동안
이나 그대로 붙어 있으니, 신은 실로 괴이하게 여깁니다"라고 전제한 뒤
항복한 후 청나라에 대해 취해야 할 조처 두 가지를 건의했다. 즉 청나라
에서 명나라의 인印을 바치도록 요구해오면, "조종조부터 이 인을 받아
사용한 지가 지금 300년이 되니, 이 인은 명나라에 도로 바쳐야지 청나
라에는 바칠 수 없다"라고 해야 한다고 했다. 또 청나라가 명나라를 공
격할 군사를 요구한다면, "명나라와 부자 같은 은혜 관계가 있다는 것은
청나라도 알 텐데, 자식을 시켜서 부모를 공격하게 하는 것은 윤리 기강
에 관계되는 일이다. 이는 공격하는 자에게만 죄가 있는 것이 아니라 그
렇게 하게 한 자 또한 옳지 않다"라고 해야 한다고 했다.

이어서 그는, "신의 목숨이 거의 다하여 이미 대가를 호위하며 따를
수도 없고, 또 길가에서 통곡하며 하직할 수도 없으니, 신의 죄가 큽니
다"라고 하면서 이조참판 직을 교체해줄 것을 청했다.

정온과 함께 예조판서 김상헌도 거의 같은 때에 자결을 기도했다. 그

는 여러 날 동안 음식을 끊고 있다가 목을 맸는데, 자손들이 구조하여 죽지 않아 모두 놀라며 탄식했다고 한다.

김상헌은 인조반정에 참여하지 않은 청서파清西派의 영수로, 병자호란 때는 주화론을 배격하고 끝까지 주전론을 펼쳤다. 강화도가 점령되자 자결한 우의정 김상용의 동생이기도 하다. 인조 17년1639 청나라가 명나라를 공격하기 위해 요구한 조선 군대의 출병에 반대하는 상소를 올렸다가 청나라에 압송되어 6년간이나 잡혀 있다가 돌아오기도 했다. 그 뒤 좌의정까지 지냈다.

김상헌과 정온이 자결하려 한 일에 대해 당시에는 이들의 행위를 꺼린 자들이 있어서, 임금을 저버리고 나라를 배반했다는 비난을 하기도 했다. 어떤 자는 "김상헌이 임금의 잘못을 드러냈고, 더러운 임금을 섬기지 않는다고 했다"라며 헐뜯었다.

신하들만이 아니라 임금까지도 두 사람의 자결 기도를 매우 못마땅하게 여겼다. 즉 "김상헌은 다만 죽으려 한다는 명분만 취하고 끝내 목숨을 버린 사실이 없으니, 내가 보건대 천진天眞을 지키는 데 이르지 못한 것이 분명한 듯하다. 위급한 조정을 버리고 편안한 곳에서 유유자적한 것은 눈물을 흘리며 임금의 수레를 따르고 자신을 잊고 마음을 다한 자와는 또한 같지 않은 듯하다"라 했다.

하지만 그들을 긍정적으로 보는 사람도 많았는데, 부제학 이목 같은 이는 "임금이 치욕을 당하면 신하가 죽는 것은 고금의 도리입니다. 남한산성에서 나온 조치는 종사를 위하고 백성을 위한 것이니, 실로 부득이한 데서 나온 것입니다. 그때 김상헌과 정온이 남보다 앞장서서 충성심을 발휘하고 기꺼이 자결하려고 한 것은 차마 임금께서 치욕당하는 것을 보지 못하기 때문이었으니, 임금을 사랑하는 정성이 이와 같은 사람이 없습니다"라면서 그들을 두둔했다.

병자호란이 끝나고 정온이 죽은 뒤 인조 26년에 우참찬 조경이 포상의 의미로 그에게 증직과 시호를 내려줄 것을 청했다. 이때 조경은 "정온이 병자호란 때 임금이 욕을 당하면 신하는 죽는 것이 의리라는 것으로 스스로 자기의 배를 찔렀습니다. 비록 자결하려던 처음의 뜻을 이루지는 못했지만 그 절개는 충분히 숭상할 만합니다. 그 뒤에는 감히 처자의 봉양을 편안한 마음으로 받을 수 없어 산속으로 물러가 은거하면서 일생 동안 고생스럽게 지냈으니, 이 사람에게 의당 포상하여 장려하는 일이 있어야 합니다. 그런데도 관직을 내려주지도 않았고 아직껏 증시贈諡도 없었으니, 실로 안타까운 일입니다"라 했다.

그러나 인조는 아직도 정온에 대한 감정이 풀리지 않아 이 요청을 받아들이지 않았다. 그러면서 말하기를, "이 사람이 기필코 한번 죽으려 했다면 곧 자결했어야 할 것이요, 죽는 것이 싫었다면 거짓으로 죽으려 할 필요가 없는 것이다. 그리고 임금이 아직도 살아 자리에 있으니 잘 도와서 종사를 보존했어야 했다. 그런데 남쪽으로 물러가 은거한 것은 임금을 섬기는 도리가 아니다. 정표하는 것은 국가의 체면을 깎아내리는 일이다"라 했다.

그 후에도 이들에 대한 포상 요청이 잇따라 마침내 김상헌은 효종 대에 영의정에 추증되고 문정文正의 시호가 내려졌으며, 정온에게는 숙종 대에 역시 영의정에 추증되고 문간文簡이라는 시호가 내려졌다. 자결을 둘러싼 오랜 논란 끝에 결국 그들의 행위는 충절로 결론이 난 것이다. 이에 따라 뒷날의 식자들은, "강상과 절의가 이 두 사람 덕분에 일으켜 세워졌다"라거나 "어려움을 당하여 신하로서 죽는 의리를 안 자는 김상헌과 정온 두 사람뿐이다"라는 찬사를 보냈다.

죽음보다 더한,
살아남은 자의 고통

윤선거는 조선 후기의 대유학자로, 대사간 윤황의 아들이었으며 성혼의 외손이었다. 어릴 때는 가정의 학문을 기반으로 김집의 문하에서 배웠는데, 지조와 행실이 돈독했다. 인조 11년1633 생원, 진사시에 합격하고 성균관에 들어갔으며 성균관에서 공부할 때는 언론이 강개하여 유생들에게 인정을 받았다. 1636년 청나라에서 사신을 보내 청을 섬길 것을 요구하자 그는 성균관 유생들을 규합해 명나라에 대한 의義를 지키기 위해 사신의 목을 벨 것을 임금에게 강경하게 청하기도 했다.

그는 뒤에 송시열, 권시, 윤휴 등과 교유하면서 예학과 역학 등을 연구하는 데 몰두했다. 효종 2년1651 이래로 천거를 받아 장령, 집의 등의 벼슬에 10여 차례 임명되었으나, 한 번도 취임하지 않고 평생 재야에서 처사적인 삶으로 일관했다.

그가 죽을 때까지 한 번도 조정에 나아가지 않은 것은 병자호란 때 아내를 따라서 자결하지 못하고, 친구들과도 함께 자결하지 못한 채 구차스럽게 살아남은 것을 한하여 일생토록 죄인으로 자처했기 때문이다.

이에 대해서는 효종 대에 올린 그의 사직 상소에 잘 나타나고 있다. 즉 "지금 신의 본심을 논하는 자들이, '벗과 함께 일하기로 하고서 벗은 죽었는데 죽지 못했기 때문'이라고 말하기도 하고, 또는 '아내와 죽기로 약속하고서 아내는 죽었는데도 죽지 못했기 때문에 이것을 자책하여 벼슬할 생각이 없는 것이다'고도 하는데, 이것은 모두 신의 실상입니다"라 했다.

1636년 12월 병자호란이 일어나자 윤선거는 가족과 함께 강화도로 피신했다. 그곳에서 그는 친구인 권순장, 김익겸 등과 생사를 함께하기로 약속했다. 그리고 청군이 강을 건널 때 친구들에게 부서를 나누어 성문을 지키자고 하여 자신은 동쪽 문에 소속되어 성문을 지키고 있었다.

이듬해 1월 전세가 급박해져 강화도가 함락되려 하자 그의 아내 이씨가 친구들과 대책을 논의하는 그에게 여종을 보내 만나기를 청했다. 남편이 오자 그녀는 "적에게 죽느니보다는 일찍 자결하는 것이 낫겠습니다. 마지막으로 한번 뵙고 작별하려 오시라고 했습니다"라고 했다. 아내를 말릴 수도, 그렇다고 그 의지를 칭찬할 수도 없는 처지인 그는 아내가 죽는 것을 차마 볼 수가 없었기에 밖으로 나가 친구들이 있는 곳으로 갔다. 그리고 이씨 부인은 남편이 나간 직후에 두 여종에게 자신의 목을 매게 해서 자결했다.

이씨의 시신은 당시 아홉 살이던 아들 윤증이 수습했다. 윤증은 한 살위의 누이와 함께 노비들을 인솔해 손수 염을 하고 입관한 다음 임시로 지내던 강화도 사람의 집 마루 아래 빈소를 정했다. 그러고는 땅을 파 관을 묻고 사방 모서리에 돌을 놓은 후 중간에 숯으로 표식을 하고 후 일을 기약했다. 강화도를 떠나기로 결심한 윤증은 마냥 슬퍼하고만 있 을 수는 없어 누이와 함께 어머니의 묘소에서 슬프게 곡을 한 후 그 자 리를 떠났다고 한다.

윤선거의 아내가 죽은 직후 강화도가 함락되자 권순장과 김익겸은 정 승 김상용과 함께 자결하고 말았다. 그러나 윤선거는 아버지가 임금을 모 시고 남한산성에 있어 생사를 알 수 없었기 때문에 즉시 자결하지 않고 남한산성으로 아버지를 찾아갔다. 당시 그의 형이 어머니를 모시고 먼저 강가로 도망했는데 이를 알게 된 윤선거는 탄식하기를, "나라가 장차 망 하게 되어 부모의 생사를 모두 알 수 없게 되었다. 차라리 남한산성으로 가서 아버지가 있는 곳에서 함께 죽는 것이 낫겠다"라 했다고 한다.

그때 종친인 이세완이 남한산성으로 가게 되자 윤선거는 숙부 윤전에 게, "강화도가 이미 함락되었으니 남한산성도 위태로울 것입니다. 죽는 것은 마찬가지니 차라리 남한산성으로 가서 병든 아버지나 뵙고 죽는 것 이 옳겠습니다"라고 했다. 그러자 윤전은 "너는 그곳으로 가서 우리 형 을 만나 뵙고 내가 죽기로 작정했다고 전해라"라고 했다.

그 직후 윤전은 결국 청군에게 피살되었다. 사헌부 장령 등을 지낸 그 는 청군이 밀려오자 필선으로서 빈궁을 모시고 강화도에 들어갔다. 성 이 함락되자 식음을 폐하고 송시영, 이시직 등과 함께 자결하기로 결의 했는데, 두 번이나 목을 맸으나 구출되자 다시 칼로 자결하려다가 미처 목숨이 끊어지기 전에 적병을 크게 꾸짖고 피살되었다.

윤선거는 그렇게 숙부와 마지막 작별을 하고 이세완에게 청해 그의 노비가 되어 함께 갑곶 나루를 건너 곧바로 남한산성에 이르렀다. 그때 봉림대군이 청군 진영에 있으면서 이세완을 시켜 행재소에 편지를 가지고 가게 했는데, 그의 종으로 변장해 따라간 것이다. 그런데 그들이 남한산성에 도착했을 때는 마침 임금이 항복을 하러 나오는 참이었고, 이에 윤선거는 말머리를 돌려 아버지와 상봉했다. 그 후 아버지를 버리고 차마 생을 포기할 수도 없어, 아버지와 함께 충청도 논산 이산현의 선영 아래로 가서 살았다.

그는 이토록 구차하게 성을 탈출해 목숨을 건진 일도 매우 부끄럽게 여겼다. 그리하여 임금에게 올린 사직 상소에서, "처음의 계책을 달성하지도 못하고 단지 몸만 욕되게 했으니, 그날 길 가던 사람치고 누군들 그 모습을 다 알지 않았겠습니까. 사방에서 포위한 적병들도 신이 진원군의 노비라고 인식하지 않은 사람이 없었을 것입니다"라 했다. 그러면서 "지금 일개 노비에 불과한 사람을 높이고 총애하여 외람되게 징사徵士(천거를 받아 조정에 초빙된 선비) 대열에 끼게 한다면 안팎의 사람들이 보고 웃을 것은 말할 것도 없으니, 실로 다른 나라에 들리게 해서는 안 됩니다. 만약 벼슬길에 나아간다면 부끄러움을 안고 있는 하나의 음관蔭官(과거를 거치지 않고 천거나 음서를 통해 관리가 된 자)이 되는 데 지나지 않을 따름이니, 조정에 무슨 소용이 있겠습니까"라 했다.

그리고 그는 아내와 친구들과 함께 죽지 못한 것을 평생 자책하며, 과거를 포기하고 도성 안에 발을 들이지 않았다. 아내를 따라 죽지도 못했고 친구들과 자결하기로 한 약속도 지키지 못한 데다가 거짓 종노릇까지 했다는 회한까지 겹쳐 평생 종을 자처하며 살았다.

당시 그의 심정은 효종 8년1657 12월에 올린 또 하나의 사직 상소에도 잘 드러나고 있다.

신의 마음은 실로 가슴속으로 길이 상심하고 깊이 통곡하면서 세상에 버젓이 스스로 서 있을 수 없는 점이 있습니다. 따라서 비록 분수에 맞지 않는 융숭한 은혜와 특이한 운명이 있더라도 종신토록 감히 관복을 입고 성상의 명령에 따르고서 신하의 직분에 이바지할 수가 없습니다. 신의 이 죄는 죽어도 용서받지 못하리라고 스스로 생각합니다. (…) 신은 끝내 강화도에서 비겁한 행동을 하고 말았습니다. 신은 이를 큰 수치로 여기고 있으니, 이것은 이른바 선비가 나라를 위해 반드시 죽을 도리를 무시했다고 하는 것입니다.

그러면서 이어서 말하기를, "신의 숙부 윤전은 자결하려다가 적병에게 살해되었습니다. 신이 숙부와 한 성에서 서로 의지하고 있었는데, 숙부는 죽고 신만 홀로 살았습니다. 영원히 가버린 혼백들이 저승에서 마음을 풀지 못하고 있는데 신이 헛된 이름을 몰래 취해 외람되게도 거두어 임용해주시는 은혜를 입고 있으니, 어찌 차마 스스로 이 세상과 저세상 사이에 끼어 있으면서 구차히 마음을 편히 하겠습니까. 이 점이 더욱 신이 애통하게 여기는 바입니다. 신이 성상의 은혜를 입고 관직에 제수된 것이 지금 벌써 열 번이나 됩니다. 부르는 전지가 내려오면 모두 절하고 받았으며, 교지가 반포되면 감히 되돌려 보내지 못했습니다. 그러면서 유독 한 번도 대궐에 나아가 은혜에 감사하지 못한 것은 참으로 관복을 입고 궁궐에 들어가는 것이 욕된 사람이 감히 행할 바가 아니었기 때문이며, 어진 선비에 견주어 성상의 은혜를 탐하는 것이 천한 신분으로서 감히 감당할 바가 아니었기 때문입니다"라 하여 조정에 나아갈 수 없음을 간곡하게 진달했다.

이러한 상소를 본 임금은 다음과 같은 답서를 보냈다.

그대가 말하는 죽을죄라는 것이 절의를 굳게 지켜 세속에서 빼어난 행실 아닌 것이 없으니, 이것이 내가 정성스럽게 잊지 못하고 반드시 초빙하고자 하는 이유다. 한번 와서 사은謝恩(대궐에 올라와서 임금에게 관직을 준 것을 사례함)한다고 무슨 손상이 있겠는가. 속히 올라와서 나의 지극한 뜻에 부응하라.

《효종실록》 권19, 8년 12월 정해

그러나 윤선거는 끝내 도성 안에 발을 들이지 않은 채 현종 10년 4월에 60세를 일기로 죽었다. 이 소식을 들은 임금은, "전 집의 윤선거는 조정에서 예우하던 신하인데 갑자기 죽다니, 내 매우 애도하는 바다. 본도에 일러 장사에 필요한 물품과 역군을 넉넉히 지급하라"라고 명하고, 이조참의를 추증했다. 이처럼 그는 살아 있을 때는 물론 죽은 후에도 임금의 각별한 우대를 받았다.

그런데 당시에 그를 잘 알지 못하거나 좋아하지 않은 자들은, "윤선거가 강화도의 난에서 그 아내를 먼저 죽이고 자기만 죽지 않은 것을 부끄럽게 여겨 벼슬할 마음이 없는 것이다"라고 비난하기도 했다. 또 선복宣卜이라 이름을 고치고 진원군의 길잡이가 되어 달아났었다고 헐뜯었다.

한편 윤선거의 아들 윤증도 아버지와 마찬가지로 여러 번 관직에 임명되었으나 모두 사퇴하고 한 번도 취임하지 않은 것으로 유명하다. 그는 어려서 아버지와 유계에게 배우고 뒤에는 장인인 권시와 김집에게 배웠다. 29세 때는 김집의 권유로 송시열에게 유학을 익혔는데, 그 문하에서 특히 예론禮論에 정통한 학자로 이름났다. 현종 4년1663에 처음 천거된 후 공조 좌랑, 사헌부 지평 등에 잇따라 제수되었으나 모두 사양했다. 숙종 대에도 호조 참의, 사헌부 대사헌, 의정부 우참찬, 좌찬성, 우의정 등에 임명되었으나 모두 사퇴하고 나아가지 않았다.

환향녀, 전쟁포로들의 서글픈 귀향

인조 15년1637 1월 30일 인조는 세자 등 500명을 거느리고 성문을 나와, 삼전도에서 청나라 태종에게 굴욕적인 항복을 했다. 싸움다운 싸움 한번 하지 못하고 한양을 적에게 내주고 부랴부랴 남한산성으로 피란을 갔던 인조는 엄동설한에 가마도 타지 못한 채 맨발로 한강 나루인 삼전도까지 걸어가 청 태종에게 세 번 절하는 굴욕을 겪어야 했다.

청나라는 소현세자와 봉림대군 등을 인질로 삼고 척화의 주동자 홍익한, 윤집, 오달제 등의 삼학사를 잡아 2월 15일 철군하기 시작했다. 이로써 참혹한 전쟁은 막을 내리게 되었다.

인조의 삼전도 굴욕은 백성의 고초에 비하면 약과였다. 한겨울에 일어난 전쟁으로 수십만 양민이 굶어 죽거나 얼어 죽었으며 전쟁이 끝난 후 5만이 넘는 백성이 포로로 청나라에 붙잡혀 갔다. 주로 부녀자들이 포로가 되었는데, 그들은 청나라 사람들에게 몸을 버린 후 나중에 조선으로 돌아왔다. 사람들은 그들을 고향으로 돌아온 여자, 즉 환향녀還鄕女라 불렀다.

전란이 끝난 후에도 많은 문제가 기다리고 있었다. 산적한 정치적, 외교적 문제 외에도 납치당한 사람 수만 명의 속환贖還(잡혀간 사람들을 몸값을 주고 데려옴) 문제가 대두되었다. 특히 청나라는 납치한 양민을 전리품으로 보고, 몸값을 많이 받을 수 있는 종친이나 양반 부녀자들을 되도록 많이 잡아가려 했으나 정작 잡혀간 사람들은 대부분 몸값을 마련할 수 없는 가난한 사람들이었다.

인질의 몸값은 1인당 적게는 30냥에서 많게는 1,500냥으로 평균 150~250냥에 이르렀다. 속환은 개인은 물론이고 국가적으로도 그 재원 마련이 어려운 일이었다. 더구나 순절하지 못하고 살아 돌아온 것은 조상에게 죄가 된다 하여, 속환된 부녀자의 이혼 문제가 사회적 문제로 대두했다.

그리하여 중신이나 사대부 사이에 환향녀의 이혼 문제로 커다란 갈등이 빚어졌다. 일례로 인조 16년₁₆₃₈ 3월에 신풍 부원군 장유가 예조에 청원하기를, 외아들 선징의 처가 청나라에 잡혀갔다가 속환되어 지금은 친정에 가 있는데, 그대로 배필로 삼아 함께 선조의 제사를 받들 수 없으니 이혼하고 새로 장가들게 허락해달라고 했다.

반면에 전 승지 한이겸은 딸이 청나라에 잡혀갔다가 속환되었는데 사위가 다시 장가를 들려고 하자, 원통함을 호소하고자 사내종을 시켜 격쟁을 했다. 이에 예조에서는 임금에게, "사로잡혀 갔다가 돌아온 양반의 부녀자가 한둘이 아니니, 조정에서 반드시 충분히 참작하여 명백하게 결정한 뒤에야 피차 난처한 격정이 없을 것입니다. 사람이 부부가 된다는 것은 중대한 일이니, 대신에게 의논하게 하십시오"라고 건의했다.

그러자 좌의정 최명길이 다음과 같은 의견을 내놓았다.

사로잡혀 갔던 부녀자에 관한 일에 대해 지난해 비변사에서 옛일을 인용하여 증명하면서 끊어버리기 어렵다는 뜻을 갖추어 진달했으며, 상께서도 별도의 전교가 계셨습니다. 신풍 부원군 장유는 이를 모르지 않을 것인데, 장계를 올려 진달한 것이 이와 같으니 반드시 소견이 있어서 말한 것일 터입니다.

신이 노인들에게 들으니, 선조宣祖 때 임진년 왜변이 있은 뒤에 전교가 있었는데, 지난해 성상의 전교와 서로 부합된다고 했습니다. 그 말을 자세히 기억할 수는 없지만 전해지는 바에 따르면, 그때 어떤 종친이 상소하여 이혼을 청하자 선조께서 허락하지 않으셨으며, 어떤 문관이 이미 다시 장가들었다가 아내가 송환되자 선조께서 후취 부인을 첩으로 삼으라고 명했으며, 그 처가 죽은 뒤에야 비로소 정실로 올렸다고 합니다. 이 외에도 재상이나 관리 들 가운데 사로잡혀 갔다가 돌아온 처를 그대로 데리고 살면서 자식을 낳고 손자를 낳아 명문거족이 된 사람도 왕왕 있습니다. 이 어찌 예禮는 정情에서 나오는 것이므로 때에 따라 마땅함을 달리함으로써 한 가지 예에 구애되어서는 안 되기 때문이 아니겠습니까.

신이 전에 심양에 갔을 때 과거에 급제한 양반으로서 속환하기 위해 따라간 사람이 매우 많았는데, 남편과 아내가 서로 만나자 부둥켜안고 통곡하기를 마치 저승에 있는 사람을 만난 듯이 하여, 길 가다 보는 사람들이 모두 눈물을 흘렸습니다. 부모나 남편으로서 돈이 부족해 속환하지 못하는 사람들은 장차 차례로 가서 속환해야 할 것입니다. 만약 이혼해도 된다는 명이 있게 되면 반드시 속환을 원하는 사람이 없게 될 것입니다. 이것은 허다한 부녀자들을 영원히 이역의 귀신이 되게 하는 것입니다. 한 사람은 소원을 이루고 백 집에서 원망을 품는다면 어찌 화기를 상하게 하기에 충분치 않겠습니까. 신이 반복해서 생각해보고 물정으로 참작해보아도 끝내 이혼하는 것이 옳은 줄을 모르겠습니다.

그리고 한이겸의 딸에 관한 일은 별도로 의논할 필요가 없습니다. 신이 심양으로 갈 때 들은 이야기인데, 청나라 병사들이 돌아갈 때 자색이 자못 아름다운 처녀가 있어 청나라 사람들이 온갖 방법으로 달래고 협박했지만 끝내 들어주지 않다가 사하보沙河堡(현재의 간쑤 성 사허)에 이르러 굶어 죽었는데, 청나라 사람들도 감탄하여 묻어주고 떠났다고 했습니다.

또 신이 심양의 관사에 있을 때, 한 처녀를 값을 정하고 속贖하려고 했는데, 청나라 사람이 뒤에 약속을 위배하고 값을 더 요구하자 그 처녀가 돌아갈 수 없음을 알고 칼로 자신의 목을 찔러 죽고 말았습니다. 이에 끝내는 그녀의 시체를 사가지고 돌아왔습니다.

가령 이 두 처녀가 다행히 기한 전에 속환되었더라면 반드시 자결하지는 않았을 것입니다. 비록 정결한 지조가 있더라도 누가 다시 알아주겠습니까. 이로써 미루어 본다면 전쟁의 급박한 상황 속에서 몸을 더럽혔다는 누명을 뒤집어쓰고서도 밝히지 못하는 사람이 얼마나 많겠습니까. 사로잡혀 간 부녀자들을 모두 몸을 더럽혔다고 논할 수 없는 것이 이와 같습니다. 한이겸이 상언하여 진달한 것도 또한 어찌 특별히 원통한 정상이 있어서 그런 것이 아니겠습니까.

《인조실록》권36, 16년 3월 갑술

이처럼 최명길은 사로잡혀 간 부녀자들이 모두 몸을 더럽혔다고 할 수 없고, 만약 이혼을 허락한다면 속환을 원하는 사람이 없게 될 것이라는 이유를 들며 환향녀를 버리고 다른 여자와 결혼하는 것에 반대했다. 이러한 건의를 받은 인조는 아뢴 대로 하라고 답함으로써 환향녀와의 이혼을 금지했다. 그러나 왕명이 내렸음에도 이는 제대로 지켜지지 않아, 그 뒤로 사대부집 자제는 모두 다시 장가를 들고, 환향녀와 다시 합하는 자가 없었다고 한다.

당시 양반 사대부들은 대다수가 환향녀와 재결합하기를 꺼린 것 같은데, 이는 다음과 같은 사관의 논평에서도 잘 드러난다.

충신은 두 임금을 섬기지 않고 열녀는 두 남편을 섬기지 않으니, 이는 절의가 국가에 관계되고 우주의 기둥이 되기 때문이다. 사로잡혀 갔던 부녀자들은 비록 그녀들의 본심은 아니었다 하더라도 변을 만나 죽지 않았으니, 절의를 잃지 않았다고 할 수 있겠는가. 이미 절개를 잃었으면 남편의 집과는 의리가 끊어진 것이니, 억지로 다시 합하게 해서 사대부의 가풍을 더럽힐 수는 절대로 없는 것이다.

최명길은 비뚤어진 견해로 망령되게 선조先朝 때의 일을 인용하여 헌의하는 말에 끊어버리기 어렵다는 의견을 갖추어 진달했으니, 잘못됨이 심하다. 당시의 전교가 사책에 기록되어 있지 않아 이미 증거로 보일 만한 것이 없다. 설령 이런 전교가 있었다 하더라도 또한 본받을 만한 규례는 아니니, 선조대에 행한 것이라고 핑계하여 오늘에 다시 행할 수 있겠는가.

옛 선인이 말하기를 "절의를 잃은 사람과 짝이 되면 이는 자신도 절의를 잃는 것이다" 했다. 절의를 잃은 부인을 다시 취해 부모를 섬기고 종사를 받

들며 자손을 낳고 가세를 잇는다면, 어찌 이런 이치가 있겠는가. 아, 백 년
동안 내려온 나라의 풍속을 무너뜨리고, 삼한三韓을 들어 오랑캐로 만든 자
는 명길이다. 통분함을 금할 수 있겠는가.

《인조실록》 권36, 16년 3월 갑술

사관은 이처럼 병자호란 직후의 분위기를 반영하여, 절의를 잃은 아내를 다
시 취해 부모를 섬기고 종사를 받들며 자손을 낳고 가계를 잇는 것은 이치에 맞
지 않은 일이라고 주장했다.

이는 환향녀 문제가 당시에 얼마나 커다란 사회적 파장을 일으켰는가를 충분
히 짐작게 한다. 이 때문에 얼마나 많은 무고한 여인과 그들의 남편이 애꿎은 고
통을 당했을까. 생각할수록 전쟁은 참혹한 것이다.

5장

민초들의
마지막 선택

영조 10년1734에 선비 권취신이 우정구의 딸을 후취로 맞아들여 딸을 낳고 4년간 살았다. 그런데 권취신의 조부인 참봉 권후의 첩과 여종이 우정구의 딸이 행실이 좋지 않다고 모함을 했다. 그러자 권후와 그 아우 권부가 이 말을 믿고 권취신을 이혼하게 했는데, 이에 우정구의 딸이 자살을 하고 말았다. 우정구는 딸을 불쌍히 여겨 친히 문목問目(죄인을 심문하는 조목)을 만들어 진상을 밝혀냈다. 이에 임금은 권후와 권부를 사적에서 삭제하여 먼 지방으로 귀양 보내고, 권취신은 섬으로 귀양 보내며 첩과 여종도 유배하라고 명했다.

마찬가지로 영조 대의 일인데, 돈녕부 낭관 이명숙의 종형인 이명덕의 아들이 장가들었다가 요절하자 그의 처인 유씨가 청상과부로서 자식이 없어 남편의 친척인 이섭의 어린 자식을 양자로 삼았다. 그런데 이명숙이 유씨가 이섭과 사통했다고 무고했다. 그리하여 유씨를 핍박하여 자진케 하니, 유씨가 독약을 마시고 죽었다. 영조 38년에 이섭의 아들인 이경룡이 어가 앞에서 그 아버지의 결백과 유씨의 억울하게 죽은 연유를 아뢰었다. 이를 들은 영조는 이명숙을 옥에 가두고 자세히 조사하여 자백을 받고 교형에 처하게 했다. 또 어사 이득배를 보내 유씨의 제사를 지내게 했다.

정조 22년1798에 전라도 강진현에 살던 양도손 형제는 비부婢夫(계집종의
남편)의 아내를 빼앗아 억눌러서 양인을 천인으로 만들었다. 그러고는 비부를 몽둥이로 때리는 등 못 하는 짓이 없어서 비부가 음독자살하고 말았다. 이렇게 되자 그들은 고을 수령의 애첩과 이방 및 면임, 이정 등에게 뇌물을 주어 고발하지 못하게 했다.

순조 11년에 충청도 보령의 전 선전관 이은식이 동내의 사비 월련을 유인했는데, 그녀의 아버지 장돌이 딸을 내달라고 간절히 빌자 종을 시켜 결박하고 발로 걷어차게 하여, 장돌이 원통함에 목을 매어 죽었다. 이에 임금은 "어떻게 시골 주민에게 못된 짓을 하여 자살하게까지 했는가? 우선 의금부에서 격식을 갖추어 잡아다 가두게 하되, 엄중히 형신해서 낱낱이 진술받게 하라"라고 명했다. 이은식은 나중에 변경에서 군역에 복무하는 벌을 받았다.

현종 때는 모르는 남자와 정을 통했다는 헛소문 때문에 처녀가 자살한 일도 있었다. 당시 이문현은 종실宗室의 후예로서 정신질환을 앓고 있었다. 현종 4년에 홍처민의 딸의 혼인을 의논할 때 이문현이 형조에 소장을 올려 "이미 내가 그녀와 서로 관계했는데 지금 다른 곳으로 시집가려한다"라고 했다. 또 홍처민의 집에 쳐들어가 공공연히 말하기를 "내가

처민의 딸과 서로 정을 통했다"라고 했다. 이에 겨우 열네 살 된 홍처민의 딸이 사흘 동안 눈물을 흘리며 울다가 끝내 자살하여 자신의 결백을 밝혀, 듣는 사람들이 비통하게 여겼다. 이 소식을 전한 사관은 "아, 사람이 죽고 사는 것이야말로 큰 문제인데, 처민의 딸이 추악하게 무함하는 정신병자의 말을 듣고는 자살했으니 옛날의 열장부라도 어떻게 이보다 더할 수 있겠는가. 참으로 여사女士라 할 만하다"라고 애도했다. 짝사랑한 정신병자 때문에 꽃다운 처녀가 목숨을 버린 것이다.

한편 경종 1년에는 세제뒤의 영조를 살해하려 했다는 무고로 궁녀 석렬과 필정이 자살한 사건이 있었다. 세제 살해 시도 혐의로 사형 판결을 받은 궁녀 석렬과 필정을 의금부에서 잡아들이려 하자, 석렬은 집에서 자살하고 필정은 투옥된 뒤 자살했다.

그 정황을 살펴보면, 당시 환관 박상검과 문유도 등이 소론의 우두머리 김일경 등과 결탁하여 왕세제를 해치기로 계획을 꾸몄다. 그들은 대궐 안에 여유가 있다는 핑계를 대며, 세제가 왕에게 문안인사를 올리는 길목인 청휘문 밖에 덫과 함정을 놓아 문을 폐쇄했다. 이로써 임금과 왕세제가 떨어져 있게 되자 세제는 신변의 위협을 느꼈다.

이를 세제가 경종에게 울면서 고했는데, 임금은 처음에는 관련자들을 잡아다가 심문하라고 명했다가 곧바로 취소했다. 그러자 영의정을 비롯한 대신들이 조속히 국청鞫廳을 설치하여 엄중하게 심문한 뒤 사실을 밝혀 사형에 처해야 한다고 주장했다. 어떤 대신은 세제를 제거하려 했으니 대역이므로 국문할 필요도 없이 속히 사형해야 한다고 주장했다. 그러나 경종은 어쩐지 선뜻 대답을 하지 않았다. 이에 대신들이 다시 청하자 그제야 죄인들을 적발해 사형에 처하게 하라고 명했다.

실록에 따르면, 박상검은 영변 사람으로 김일경이 일찍이 그곳의 부사를 역임했기 때문에 서로 친했으며, 이때에 이르러 김일경 등이 박상검과 비밀히 의논하여 세제와 임금을 이간하고 동요시킬 계획을 세워서 문을 폐쇄하는 등 변고가 일어났다는 것이다. 사실 이 사건은 세제가 영조로 즉위한 직후에 그 전모가 새롭게 밝혀졌는데, 결국 경종을 지지하는 소론과 세제를 지지한 노론 사이에 벌어진 일종의 당쟁이었다. 이 와중에 아무런 힘 없는 궁녀들이 애꿎은 피해를 당한 것이다.

조선시대에는 관리들의 탐학을 견디지 못해 자살하는 백성이 많았다. 광해군 12년에 제주 목사 양호는 부임한 뒤에 오로지 백성을 학대하는 것을 일삼아 백성의 재물을 빼앗고 고혈을 짜냈다. 이것도 부족해 머리카락까지 잘라가니 백성들이 견디지 못해 목을 매어 자살하는 지경에 이르렀다. 이 때문에 도내에 원망이 자자하여 원성이 하늘에 사무쳤다. 그는 백성을 원수처럼 보았고 백성들은 그를 호랑이처럼 여겼다고 하며, 그의 탐학은 제주도에 관청을 연 이후로 양호보다 심한 사람은 없었다고 할 정도였다. 그리하여 대간에서는 그를 관리 명부에서 삭제해 섬 백성들의 목숨을 구제해야 한다고 주장했다. 그는 결국 2년 뒤인 광해군 14년에 교체되었다.

현종 13년1672 4월의 일이다. 전년도에 받아들이지 못한 전세田稅를 금년의 것과 함께 받아들이라는 명이 내려졌는데, 두 해의 세금을 한꺼번에 마련하기란 풍년이 든 해라 하더라도 어려운 일이었다. 그리하여 세금을 내지 못한 백성들이 뿔뿔이 흩어져 사방으로 떠나는가 하면, 심지어는 세금을 받아들이는 관아의 아전이 파견되어 온 중앙 관원 앞에서 자결하는 일까지 일어났다. 이에 대사헌 이민적이, 이미 받아들인 것 외에는 모두 특별히 면제해야 한다고 건의했다. 그러자 임금은 이미 받은 것은 서울로 실어 오고 그러지 못한 것은 독촉하지 말라고 명했다.

숙종 말기에는 신포身布(신역 대신에 바치던 무명이나 베)를 바치지 못한 황해도 신천 사람 이순찬이 관아 밖에서 자결한 일이 있었다. 당시 해마다 잇따라 흉년이 들고, 게다가 열병 등의 전염병 때문에 백성들의 고통이 팔도가 똑같았다. 그러나 그보다 더 심한 것은, 뒤에 자세히 살펴보겠지만 신역身役(장정에게 부과하는 군역)의 피해로, 살아남은 백성들이 보존할 희망이 없어져 심지어는 자살하는 사람까지 나타났다. 그런데 이러한 때에 어려운 백성을 구제할 책임을 지고 있는 수령은 마땅히 목이 타는 것처럼 근심하여 백성들이 살길을 마련해주어야 함에도 신천 군수 이진순은 어리석은 백성이 자살했다 하여 전임시켜주기를 청했다. 그야말로 직무유기의 극치라 할 수 있다. 조정에서는 이진순의 이러한 행동을 문제 삼아 그 죄를 추궁하기에 이르렀다.

영조가 즉위하던 해에는 어떤 관리가 빚을 받아내기 위해 날마다 매질을 하여 한양의 김씨 부부가 연이어 자살하고 말았다. 이에 임금은 해당 관리의 직책을 파면해 백성의 생명을 중히 여기는 뜻을 보이라고 지시했다.

종친인 서평군 이요는 역관譯官 홍대성에게서 빚을 받아내기 위해 집,

땅, 노비, 가재도구 등을 억지로 빼앗고도 모자라서 협박하고 독촉하여 견디지 못하게 했다. 이 때문에 홍대성의 며느리가 자살하고 그 제수도 뒤이어 목매어 죽었다. 이요는 끝없이 재물을 탐내 이익을 불리는 것을 일삼으며, 국법을 업신여겨 제멋대로 매질하여 집을 부수고 재산을 팔기 때문에 목숨을 보전하지 못하는 백성이 한둘이 아니었다고 한다.

이때 홍대성이 빚 때문에 괴로움을 받자 홍대성의 아들이 그 아내에게, 상속받을 재산을 받아서 자기 집의 급한 일을 구제하기 바란다고 했다. 이에 그 아내가 자신의 아버지에게 가서 청했으나 아버지가 재산을 내주지 않자 그녀는 돌아갈 면목이 없어 목매어 죽고 말았다.

이런 보고를 받은 영조는, "그렇다면 이는 서평군이 죽인 것이 아니라 그 아버지가 재물에 인색하여 딸을 죽게 한 것이니, 참으로 잔인한 사람이다"라고 말했다. 그러면서 그 아버지에게 곤장을 치고, 이요의 벼슬을 파면하라고 명했다. 그리고 특별히 홍대성이 진 빚 300냥을 감면하게 했다. 나중에 사간원에서 이요를 귀양 보낼 것을 청했으나 임금이 윤허하지 않았다.

영조 50년, 전주에 사는 송씨 성을 가진 양반이 시골에서 폭력을 써가며 채무를 징수하고 있었다. 그러다가 여인네들을 잡아들여 사사로이 악한 형벌을 시행하여 자살하게 만들었다. 이에 사헌부에서는 "한 지어미가 원한을 품으면 오월에도 서리가 내린다고 했는데, 지금 몹시 가무는 것이 이러한 일에서 말미암은 것인지 어찌 알겠습니까?"라고 하면서 송씨를 처벌할 것을 주청하여 임금의 허락을 받았다.

한편 조선시대에는 사농공상의 구분이 말해주듯 오늘날과는 달리 장인匠人(물건을 만드는 수공업 기술자)들의 고충도 컸다. 효종 대의 일인데, 임금의 의복이나 거마를 마련하기 위해 설치한 상의원尙衣院의 장인이 내시의 비위를 거슬렀다가 매를 몹시 맞고 물품을 내라는 독촉을 견디다 못해 끝내 목매어 자살하는 일이 일어났다. 이 사건을 보고받은 효종은 당장 그 내시를 잡아다가 처벌하라고 지시했다. 이처럼 당시에는 내시들 가운데 공무를 빙자하여 사익을 꾀하며 방자하고 포악하게 구는 자들이 많았다.

세종 초기의 경우, 가죽신을 만드는 이상좌가 가죽신을 쌀과 바꾸어 팔았는데, 돈을 받지 않았다는 이유로 경시서京市署에 잡혀갔다. 이럴 때는 원래 곤장을 때리거나 군역으로 충당해야 하는데, 경시서에서는 이상좌의 나이가 많으므로 속전贖錢으로 8관貫을 바치라고 했다. 그렇지만 이상좌는 집이 가난하여 돈을 꾸어서 1관만을 바쳤다. 그럼에도 경시서에서 다 바치기를 독촉하자 그는 집 앞 홰나무에 목을 매어 죽었다.

이 소식을 들은 세종은 크게 놀라서 대언 등에게 말하기를, "나라에서 법을 만든 것은 돈을 많이 이용하게 하려는 것이었지 사람을 죽게 하려는 것은 아니었다. 지금 상좌가 죽은 것은 반드시 경시서에서 가혹했기 때문이니 내 마음이 아프다. 너희는 그 실정을 조사하여 아뢰어라. 만약 가혹했다면 죄를 용서하지 않겠다"라고 하면서 이상좌의 집에 쌀 3석을 주고, 받았던 속전은 돌려주라고 명했다.

다음으로, 조선시대에는 중국 사신 일행의 횡포도 백성들을 괴롭히는 주된 골칫거리였다. 중국 사신이 행차할 때 두목頭目(무역을 위해 사신을 따라온 중국 상인) 등의 사신 일행이 불미스러운 일을 많이 저질렀는데, 그들의 행패는 국가의 근본을 흔들리게 할 정도였다고 하니 얼마나 심했는지 상상하기 어렵지 않다. 선조 대에는 두목의 구박을 견디지 못해 죽은 자도 있었고, 목매어 자살하는 자들까지 있었다. 조정에서는 피해를 본 사신이 거쳐 지나가는 곳에 사는 백성을 위로하고 무마하기 위해 공물을 감면해주고, 밀린 조세를 탕감해주기도 했다. 그런데 이 와중에 수령들은 사신의 횡포를 두려워하여 그들에게 바칠 뇌물을 백성들에게 거두어들이기도 해, 조정에서는 이런 일을 저지른 수령을 적발하여 처벌하라고 관찰사들에게 지시해야 했다.

군역, 죽거나 출가하거나

중종 대에는 병사와 수사의 잔인하고 난폭한 횡포 때문에 고통과 괴로움을 이기지 못해 자살하는 수군水軍들이 많았다. 또 번가番價(군대에 가서 번을 서는 대신에 바치던 돈)의 독촉도 매우 심했다. 수군에 대한 침학과 번가의 독촉이 그치지 않아 친족과 이웃이 다 흩어져 달아나는 실정이었다. 그들이 도망하면 또 그 친족의 친족과 이웃의 이웃을 대신 수군으로 내보내야 했다. 그리고 각 포浦에서 빠진 군사를 영營에 보고하면 병사와 수사는 본 고을에 명해 빠진 군사를 잡아들이게 했다. 본 고을에서 그 일족에게 번가를 징수하여 영에 보내면 병사와 수사가 그것을 받아먹고는 "번을 물려서 서라" 했다. 그리하여 이웃의 이웃과 일족의 일족에까지 피해가 이르지 않는 곳이 없었다. 탐욕스러운 풍조가 날로 더해짐에 따라 그 폐단이 거의 구제할 수 없게 되어 군사는 그만두고라도 아무 관련이 없는 자까지도 피해를 입었고, 이에 따라 군사의 숫자가 줄어들었다.

이러한 실정이었는데도 양반 자제들은 학생이라는 핑계로 군역을 지지 않고 한가로이 놀고 있었는데, 사실 당시 지방의 유생들은 학교, 즉 향교에 다니지 않고 있었다. 심지어 학교에 다니는 것을 욕되게 여길 정도였다. 영사 김안로가 이에 대해 지적한 말을 보면, "지금의 유생들은 다 군역을 피하는 자들입니다. 양반 자제는 겉으로는 유업儒業(유학의 학업)을 한다고 하면서도 향교에는 다니지 않습니다. 그것은 향교는 하류들이 모인 곳이라 하여 들어가기를 수치로 여기기 때문입니다"라 했다. 이 때문에 힘없고 불쌍한 백성들만 군역의 고통을 감내해야 했다.

명종 대에는 백성들에게 부과되는 군역의 고통이 극심하여 처자를 이끌고 목을 매거나 물에 뛰어들어 자살하는 일이 비일비재했다. 그러므로 삭발승이 되지 않고서도 목숨을 보존한 자가 있다면 이는 요행이라고 할 정도였다.

당시에는 흉작이 극심한 데다가 학질까지 겹쳐 생업에 안정하고 있는 군졸이 점점 줄어들어 열에 두서넛밖에 남지 않은 실정이었다. 이러한 상황에서 도적까지 발생하여 조정에서 크게 걱정하고 있었다. 그리고 군역의 의무가 있는 백성들 중에는 군역을 피하기 위해 승려가 되는 자도 많아, 결국 승려가 날로 늘어나고 군정軍政이 크게 무너졌다.

조정에서는 이에 대한 대책으로 선종과 교종의 양종兩宗을 설치하고 도첩제를 실시하여 백성들이 함부로 승려가 되는 길을 막으려 했다. 그런데 양종이 승려를 시취試取할 때 불경의 뜻을 해득하지 못하는 자도 모두 합격시키는 폐단이 일어났다.

그리하여 명종 7년에는 병조의 건의에 따라 각 고을 수령이 그 경내의 산에 거주하는 승려들의 아버지 이름, 출가 전 이름, 본적, 나이를 자세히 조사하게 하고, 그 용모까지 기록하여 책을 만들어 올린 후에 비로소 강경講經(불경 강독)을 허락하게 했다. 또 강경할 때는 예조의 관원이 참여하여 듣게 하고, 불경을 외우게 하여 글의 뜻을 해득하는 자에게만 도첩을 발급하게 했다. 그리고 강도가 도망쳐 숨기 위해서나 삼강三綱의 죄를 범한 자는 시험에 함부로 끼어들지 못하게 했다.

요즈음 세상에도 병역 기피 문제가 왕왕 불거지는데, 조선시대 군역의 고통과 그 제도적 문제 내지 폐해는 오늘날의 단순한 '기피' 차원이 아니라 그야말로 자신의 목숨과 일가족의 생계가 걸린 일이었다. 부지런히 농사지어 먹고살아야 하는 장정들이 그 육체적, 정신적 고통이 얼마나 견디기 힘들었으면 도망자가 되거나 승려가 되거나 급기야 자살까지 했을까. 권세가들이 한가로이 글을 읽는 동안 밭을 갈고 군역을 지는 것은 모두 힘없는 백성들의 몫이었다.

사민정책이 낳은 죽음

조선 초기에는 영토 확장 등을 위해 북방의 평안도와 함경도 지역에 정책적으로 백성들을 이주시키는 사민정책徙民政策을 실시했다. 북방 지역에 대한 대규모의 사민정책은 고려 때부터 있었다. 윤관의 9성 축조 후 많은 백성을 들어가 살게 했으며, 덕종 대에는 정주에 성을 쌓고 천 호를 옮겨 살게 했다.

조선 초기에는 4군 6진을 개척하면서 더욱 적극적으로 사민정책을 추진했다. 사민정책의 목적은 인구가 부족하고 여진족이 사는 지역에 하삼도인 경상, 전라, 충청의 주민을 살게 하여 영토를 확고히 지키고 방어와 조세에 필요한 인구를 확보하는 것이었으며, 농업 개발과 하삼도의 선진 농법을 보급하는 데도 중요한 의미가 있었다.

태조 7년1398 공주孔州에 경원부를 설치하면서 함경도 내 부민富民을 옮겨 살게 했으며, 태종 대에도 경원 지방에 대규모의 이주를 실행했다. 사민이 좀 더 대규모로 추진된 것은 세종 15년1433부터로, 그해 경원부와 영북진을 설치하면서 함경도의 빈농 2,200호를 뽑아 이 지역에 이주시키게 했다. 다음 해부터 이주가 시작되었는데, 이러한 도내의 이주는 해당 지역의 인구를 감소시켜 연이은 이주가 일어나기도 했다. 이에 따라 부족한 인구를 채우기 위해 하삼도민의 이주가 실행되었다.

평안도는 사신이 지나가는 길목이었기에 사신의 영송迎送, 물자 수송, 마필을 준비하는 것과 같은 부역이나 기근 등으로 많은 유민이 발생했다. 인구의 대폭적인 감소는 농업 인구와 조세 부담층의 마련, 여진족의 침입에 대비한 군사력 확보라는 측면에서 긴급히 해결해야 할 과제였다. 이에 따라 세종 19년1437에 경상도와 전라도에서 이주한 백성은 2천여 명이나 되었고, 그다음 해에는 380여 호의 5,330여 명이 이주했다. 세조 6년1460에도 경상도에서 2,500호, 전라도에서 1,500호, 충청도에서 500호를 뽑아 평안도, 황해도, 강원도의 넓은 땅에 옮아가 살게 했다.

사민에는 자원제自願制와 초정제抄定制가 있었는데, 범죄인을 강제로 사민하여 입거시키기도 하고 유민을 찾아내 돌려보냄으로써 자원을 확보하기도 했다. 초정은 국가 권력에 의한 강제 입거로, 이것은 각종 유인책과 더불어 이 시기 농민들의 유리화流離化 현상 때문에 가능했다.

사민정책에 응하는 양인에게는 벼슬의 품계를 올려주고 토관직土官職(평안도와 함경도 사람들에게 특별히 주던 벼슬)을 주기도 했으며, 향리는 면역免役과 관직에 나아갈 수 있는 권리를 얻었다. 천인에게도 양인으로 상승시켜 관직에 나아갈 수 있는 기회를 약속했다. 그 밖에도 조세를 감면하고 요역徭役(노동을 제공하던 조세의 일종. 부역이라고도 함)을 면제해주는 조처가 취해지고 때로는 토지와 곡식, 소, 농기구 등을 지원했다. 그러나 이러한 지원책에도 불구하고 이에 저항하는 백성이 매우 많았다.

이러한 사민정책은 많은 부작용과 저항을 야기했는데, 정든 땅을 떠나 낯설고 추운 머나먼 북쪽 지방으로 옮아가 사는 것은 불안기 짝이 없는 일이었다. 북방 이주를 달갑게 여기지 않는 백성들 가운데는 이를 원망하여 스스로 목숨을 끊는 자들이 속출했다.

세종 21년1439에는 전라도 옥과현의 호장戶長 조두언이 함경도로 입거하게 되었는데, 멀리 이사하는 것을 꺼려 자살했다. 이 사건이 일어난 후 전라도 관찰사는, "함경도는 토지가 비옥하여 죽을 땅이 아니옵고, 또 그 자원하는 것을 받아서 부모처자와 일가친척까지도 데리고 가는 것을 허락했습니다. 향역鄕役을 면제시켜 고향을 그리워하는 생각을 위로하게 했으니 국가의 은혜가 지극히 중했는지라, 진실로 이사하는 것을 본집으로 들어가듯 하고 생업을 즐겨서 사업을 일으켜 국은에 보답해야 할 것인데, 이제 두언이 죽을 땅에 가는 것처럼 여겨 자살하기에까지 이르렀으니 악역惡逆이 막심합니다. 그대로 두고 논하지 아니한다면 뒤에 잔인하고 생명을 가볍게 여기는 무리들이 계속해 일어날 것이니, 두언의 처자를 역리驛吏로 정하여 뒷사람을 경계하게 하십시오"라고 건의했다.

그러나 병조에서는 "비록 자살하여 죽었사오나 처자가 시켜서 죽게 한 것은 아니오니, 처자를 역리로 정한다는 것은 불가합니다. 그의 큰아들을 두언을 대신하여 어미와 동복형제들과 같이 가서 살게 하십시오"라 하여 임금의 윤허를 받았다.

북방 이주에 저항하며 자살하는 자들까지 생겨나자 세종은 이를 매우 안타까워했다. 즉 "살던 땅에 편히 살면서 다른 곳에 옮아가기를 싫어하는 것은 인지상정이다. 그러나 함경도에 새로 6진을 설치한 뒤에 구읍舊邑에 살던 주민을 점차로 이사하게 하여, 그들이 살던 평탄하고 비옥한 토지는 텅 비어 주인 없는 땅이 되었고 또 그 고을에 군액이 감축되어가니, 그곳에 다른 사람을 들여 살게 하는 것은 부득이한 일이다. 고려 때도 함경도 영흥과 평안도 평양 이북에 풀이 무성하여 야인의 사냥하는 곳이 되었으므로 하도의 인민을 그곳으로 옮겨서 채웠으나, 그들의 원망과 고통과 근심은 지극했던 것이다. 그러나 이제 그 자손에 이르기까지 여러 대를 내려오면서 생업에 안착하여 살고 있는 자들은 모두 이사 온 자들의 후예다. 지금 함경도에 들어간 백성들은 거기에 있는 견고한 가옥에서 그곳의 비옥한 토지를 경작하며 원주민들과 같이 어울려 살게 되니, 옛날 고려 때 이사한 백성들과 비교하면 그 이해가 말할 수 없이 편리한 것이다. 그런데 지금 그곳에 가기를 꺼려 혹 자살하는 자도 있다 하니 그 완악함이 심하다. 전에는 여기에 들어가는 각 고을 사람들에게 부역을 면제해주었으므로 싫어하거나 괴로워함이 지금과 같지는 않았다"라고 했다.

그러면서 북방 지방에 들어가는 사람들은 대부분 고향에서는 세력이 있는 자들인데, 지금 먼 곳으로 고향을 떠나가는 판에 그들의 마음을 위안하고 기쁘게 해주지 않으면 원망이 그칠 리 없을 것이니, 별도로 상을 주는 규정을 시행함이 마땅할 것이라고 했다. 그리하여 하삼도에서 들어가는 사람으로 그 호주가 원래 벼슬한 자이면 벼슬의 품계를 높여주고, 관직이 없는 자는 처음으로 8품직을 주고 갑사甲士의 직에 임용하고, 4품 이상으로 제수할 자가 있거든 그때마다 보고하여 시행함으로써 그들의 마음을 즐겁게 해주는 것이 좋겠다는 뜻을 표명했다.

그러나 어떤 관리는 세종의 이러한 방안을 다음과 같이 비판했다. 즉 "벼슬이란 명기名器는 지극히 중요한 것이므로, 아무에게나 함부로 줄 수 없는 것입니다. 북도에 입거하는 백성의 수가 수천이나 될 것인데, 그들의 마음을 위로하고 즐겁게 해주기 위해 사람의 현부賢否도 논하지 아니하고 그냥 관직을 베풀어줌은 품계의 남용이니, 이럴 수는 없는 것입니다. 옛날 고려 때도 북방 지역에 들어가서 살게 한 적이 한두 번이 아니었지만, 어찌 반드시 벼슬을 주어 그들의 마음을 즐겁게 한 뒤에 이사를 하게 했겠습니까. 하물며 평안도는 바로 중국과 국경이 연속된 땅으로 나라의 근저가 되며, 안주 이북의 땅은 넓고 인구는 희소하므로, 그곳에 주민을 이주하는 일은 장차 하지 않을 수 없는 일이니 이로써 논한다면 어찌 그들을 다 벼슬을 주어서 그 마음을 즐겁게 하겠습니까. 옛날에는 비록 변방에 이사시킬 백성을 모집할 때 벼슬도 주고 부역이나 조세를 면해주기도 하는 법이 있었다고는 하나, 뒷세상에 논의하는 사람들이 혹 옳지 못하다고 했으니 어찌 예전의 근거 없는 제도로써 덮어놓고 상을 주는 일을 할 수 있겠습니까. 또 백성을 이사시켜 변군邊郡을 충당함은 고금을 통한 법인데, 벼슬을 주면서 백성을 꼬인다는 것은 나라를 다스리는 대체人體에 부끄러운 일로서 조금씩 나누어 입거함만 못하오니, 차차로 옮아가게 하여 그들이 정착할 곳을 잃지 않게 하면 처음에는 비록 근심과 탄식이 있을 것이나 끝내는 반드시 생업을 안정시키고 사는 효과가 있을 것입니다" 하여 이주자들에게 관직을 주지 말고 조금씩 이주시키는 방안을 제시했다. 이에 세종은 두 가지 방안을 다시 의논하라고 지시했다.

그 후에도 자살자가 발생하자 세종은 23년1441 12월에 "무릇 반역은 천하의 큰 변이며 모든 백성이 함께 놀라는 바이나 만일 주창해 거느리는 자가 있으면 그래도 따르는 자가 있는데, 어찌 임금이 나라를 위해 큰 계책을 세워 백성을 옮겨 변경에 채우는 데 따르기를 즐기지 아니하는 자가 있으랴. 이는 나의 박덕한 소치이니 누구를 허물하겠느냐"라고 한탄했다.

성종 14년1483에도 북방 이주가 시행되었는데, 당시 양인으로서 천민에게 장가든 자를 북방의 변경으로 옮아가게 한 정책 때문에 또 자살 사건이 일어났다. 세조 대에 경상도 신녕현에서 천민에게 장가든 자가 서로 이별하고 길을 떠나자 그 아내가 분하고 한스러워서 자살을 한 것이다. 그리하여 비록 천민일지라도 아내가 따라가게 해야 한다는 건의가 나오기도 했다.

그 이듬해에도 경상도 고령현에 사는 학생 박윤징이 북방 이주를 꺼려서 목매어 자살하는 일이 일어났다. 이에 병조에서는, 이주는 나라의 부득이한 일이지만 우매한 백성들이 옮아가기를 꺼려서 목숨을 가볍게 여기고 자살까지 한다고 비난했다. 그러면서 만일 호주가 죽었다고 하여 그 집안의 모두를 이주시키지 않으면 이것을 본받는 자가 많아져서 형세가 장차 금하기 어렵게 될 테니 자살한 박윤징의 집안사람들을 모두 이주시켜야 한다고 건의해 윤허를 받았다.

마지막으로, 북방 이주민에게 제공하던 지원책이 낳은 부작용을 살펴볼 수 있는 사건을 하나 살펴보자. 앞서 설명했듯 6진을 처음 개척했을 때는 백성을 모집하면서 천민은 양민이 되게 하는 등의 신분 상승 기회를 주고 각종 경제 원조도 제공했는데, 성종 대 이후부터 옛 법이 모두 폐지되고 변장邊將(변방에서 국경을 수비하던 장수)들이 탐욕과 횡포까지 부리자 군사와 백성 들이 이를 견디지 못해 도망하여 돌아오는 자가 생기기 시작했다. 그래서 도망치는 자는 영구히 역졸驛卒(지방을 오가는 관원에게 말을 공급하던 역의 심부름꾼)에 소속시킨다는 법령을 만들었다. 그럼에도 도망쳐서는 역졸이 되어 모면하기를 원하는 자가 많자 마침내 그들을 북방으로 되돌려 보내는 쇄환법을 엄하게 시행했는데, 이 때문에 중앙과 지방에서 소요가 일어났다.

선조 대에 함경도 경원부의 노비인 옥비가 도망해 영남으로 돌아와 죽은 지가 이미 80년이 지났으나, 법으로 보면 아직까지도 해당 역驛에 소속되어 있었다. 그리하여 대신들이 쇄환법을 엄격히 적용하여 그 자손들을 다 되돌려 보내야 한다고 주장했다.

그러나 옥비는 남의 첩이 되어 양인으로 행세한 지가 이미 오래였으며 자손은 모두 양반에게 출가했는데 그 수가 무려 수백여 명에 이르렀다. 이에 당시의 경차관 윤승길이 그들의 억울함을 헤아려 혼인 관계가 소원한 자는 모두 감면해주었다. 그러나 얼마 되지 않아 윤승길은 벼슬이 갈려 떠나고 최옹이 후임으로 왔는데, 이후로는 사정을 전혀 봐주지 않았다. 이에 억울하게 횡액을 당한 자가 부지기수였다. 그리하여 양반의 아내가 된 옥비의 자손들이 왕왕 자결하는가 하면 한강을 건널 때 통곡하는 소리가 온 부근에 퍼지자, 나라에서는 이를 '옥비의 난'이라고 했다. 그리고 최옹이 얼마 뒤에 피를 토하고 갑자기 죽었는데 사람들은 보응이라 했다고 한다.

중국에 바쳐진 처녀들

공녀貢女란 중국에 바쳐진 처녀들을 말한다. 공녀를 본격적으로 보내기 시작한 것은 원나라의 간섭을 받던 고려 후기부터였다. 이때 원나라에 많은 처녀를 바쳤고, 조선시대에도 명나라와 청나라에 공녀를 보내야 했다. 중국으로 끌려간 처녀들은 대부분 황궁의 궁녀가 되었으나, 그밖에 황족이나 고관 들의 처첩이 되기도 했다.

고려시대에는 충렬왕 때부터 공민왕 때까지 50여 차례에 걸쳐 170여명이 공식적으로 원나라에 바쳐진 것으로 《고려사》에 나오고 있다. 하지만 기록에 실리지 않은 비공식적 사례까지 합하면 고려 후기에 보내진 공녀의 수는 수천에서 수만 명에 이를 것으로 추산된다.

조선 초기에는 태종 대부터 세종 대까지 7회에 걸쳐 114명의 공녀를 보낸 사실이 《조선왕조실록》에 기록되어 있다. 물론 이 시기에도 황제의 정식 요청이 아니라 황족이나 고관 들의 개인적인 요구에 의해 끌려간 처녀들이 많았다. 공녀의 공납은 조선 후기에도 이어져 2회에 걸쳐 32명을 청나라에 보내야 했다.

조선은 건국 초기부터 명나라에 공녀를 바쳐야 했는데, 중국에 한번 끌려가면 다시는 돌아올 수 없었으므로 처녀들은 공녀로 선발되지 않으려고 자살 등 갖은 방법을 동원했고, 공녀로 뽑힌 이들은 중국으로 끌려가는 도중에 자살을 하기도 했다.

명나라에서 공녀를 보내라는 통보가 오면 조선 조정에서는 즉시 공녀 선발을 맡을 진헌색進獻色이라는 임시 기구를 설치하고 처녀들의 혼인을 금지하는 금혼령을 내렸다. 진헌색에서는 경차관이라는 임시 벼슬을 주어 관리와 환관 들을 지방에 파견한 뒤, 각 도의 관찰사와 함께 처녀들을 뽑아서 서울로 올려 보내게 했다. 각 도에서 선발된 처녀들은 역마를 타고 서울에 올라와 경복궁에서 조선의 국왕과 명나라 사신이 참석한 가운데 두세 차례의 선발 작업을 거쳤다. 불운하게도 최종적으로 공녀로 뽑힌 처녀들은 일가친척과 헤어져 머나먼 중국 땅으로 떠났다.

대부분의 처녀들과 부모들은 공녀로 선발되는 것을 막으려고 온갖 수단을 동원했다. 그리하여 금혼령을 위반하면서까지 딸을 몰래 시집보내거나, 처녀를 은닉하거나, 승려나 병자인 것처럼 꾸미는 등의 일이 벌어졌다. 최후의 극단적인 방법은 목숨을 끊는 것이었다.

공녀로 차출되어 중국으로 끌려가는 처녀들의 비통함은 이루 말할 수가 없었다. 한번 가면 다시는 돌아오지 못할 길이기에 도중에 엎어지고 자빠지며 통곡하다가 목매어 죽거나 구덩이에 몸을 던지는 등 참혹한 일들이 벌어졌다. 이 때문에 조정에서는 공녀들의 자살을 막기 위해 그녀들을 데리고 가는 사신을 선발할 때 호송하는 일에 익숙한 자들을 택해 철저히 보호하게 하는 조처를 취해야 했다.

중종 16년1521 6월에도 공녀를 뽑아서 보내게 됐는데, 중종은 "여자를 뽑는 일이 부득이한 데서 나온 일이지만 어찌 원통한 일이 없겠는가? 평상시에 한 사람이 잡혀가더라도 꼭 돌아오게 하고자 하는 것이 내 심정인데 하물며 10여 명이겠는가? 내 마음 참으로 측은하여 안정할 수가 없다"라고 하면서 애석해했다. 그러면서 9세부터 12세까지의 처녀를 각 도의 관찰사가 친히 가려 뽑아서 올려 보내라고 지시하고, 상경하는 도중에 처녀들이 혹시라도 구덩이에 몸을 던진다든가 목매어 자살하는 폐가 있을까 염려스러우니 조심스럽게 호위해서 보내라고 당부했다. 또 그 부모가 호송하기를 원한다면 그렇게 해도 좋다고 했다.

그 후 공녀로 선발된 처녀들이 중국으로 가기 직전, 중종은 길을 떠난 여자들이 자살하는 폐단이 있으니 일을 잘 알고 익숙한 자를 사신으로 택해서 잘 보호하게 하라고 명했다. 이렇게 공녀들을 선발해서 잘 호송할 수 있게 만반의 준비를 갖추었으나, 다행스럽게도 이때 마침 황제가 사망하여 공녀의 출발이 중지되었다.

여기서 다시 시간을 거슬러 올라가서, 중국으로 간 공녀들이 어이없는 학살 사건에 휘말린 비극적인 사건을 살펴보자. 이 일은 조선에서 처음으로 공녀를 보낸 태종 대에 일어났다. 태종 8년1408 11월, 당시 사직 여귀진의 딸 등 다섯 명의 처녀와 그들을 시종할 유모와 여종 16명이 조선의 첫 공녀로 끌려갔다. 여씨와 함께 간 처녀들은 전 전서 권집중과 임첨년, 전 지영주사 이문명, 기관 최득비의 딸들이었다. 그다음에는 태종 10년 10월에 지선주사 정윤후의 딸이 끌려갔다. 3차 공녀는 태종 17년 8월에 보내졌는데, 지순창군사 한영정의 딸과 부령을 지낸 황하신의 딸이었다.

이렇게 태종 대에만 여덟 명의 공녀가 보내졌고, 이들은 대부분 명나라의 제3대 황제인 영락제의 후궁이 되었다. 그러나 안타깝게도 이들은 중국 궁인宮人의 시기로 말미암아 일어난 이른바 '어여魚呂의 난'이라는 어처구니없는 사건에 연루되어 거의가 자살하거나 죽임을 당하는 비운을 겪었다.

어여의 난의 전말을 보면, 상인商人의 딸 여씨가 영락제의 궁궐에 들어와 후궁이 되었는데, 조선에서 공녀로 간 여씨와 동성이라 하여 좋게 지내려고 했으나 여씨가 들어주지 않자 이에 앙심을 품었다. 마침 조선의 공녀 출신인 권씨가 죽자, 그녀는 여씨가 독약을 차에 타서 주었다고 무고했다. 이에 황제가 분노해 공녀 여씨와 궁녀, 그리고 환관 수백여 명을 죽였다.

그 뒤 상인의 딸 여씨가 후궁인 어씨와 함께 환관과 간통을 했는데, 이 무렵에서야 영락제는 공녀 여씨의 죽음이 무고로 인한 것이었다는 사건의 전말을 알지만 여씨와 어씨 두 사람을 총애했으므로 발설하지 않았다. 그러나 그 둘은 지레 두려워하여 목을 매어 자살하고 말았다.

그러자 영락제는 대노하여 다시 사건을 조사하면서 관련된 자 2,800여 명을 모두 죽였다. 그러자 어떤 사람이 황제의 면전에서 욕하기를, "자기의 양기가 쇠하여 젊은 내시와 간통한 것인데 누구를 허물하느냐"라고까지 했다고 한다.

이 난이 처음 일어났을 때 공녀로 끌려간 임씨와 정씨는 목을 매어 자살하고, 황씨와 이씨는 국문을 받고 참형을 당했다. 황씨는 다른 사람을 많이 끌어넣었으나, 이씨는 말하기를 "죽기는 마찬가지다. 어찌 다른 사람을 끌어넣을까. 나 혼자 죽겠다"라고 하면서 끝까지 한 사람도 무고하지 않고 죽었다. 이렇게 해서 어여의 난으로 태종 대에 끌려간 공녀 여덟 명 중 두 명이 자살하고, 세 명이 처형되었다. 권씨 역시 그전에 죽었으므로 여섯 명이 죽은 결과가 되었다.

이때 살아남은 두 명 중 한 사람인 최씨는 남경에 있었기 때문에 화를 면했다. 황제가 남경에 있는 궁인들을 불렀을 때 그녀는 병으로 오지 못하고, 난이 일어나 궁인을 거의 다 죽인 뒤에야 올라왔으므로 죽음을 면할 수 있었다. 또 한 명의 공녀인 한씨는 난이 일어났을 때 빈방에 가두어두고 여러 날 동안 음식도 주지 않았는데, 문을 지키던 환관이 불쌍하게 여겨 때때로 먹을 것을 넣어주었으므로 죽지 않았다. 그러나 그녀의 몸종은 모두 잡혀서 죽었다.

어여의 난이 한창 진행 중일 때, 벼락이 궁전에 떨어져 궁전이 모두 타버렸는데 궁중 사람들이 모두 기뻐하기를, "황제가 반드시 천변天變을 두려워하여 주륙을 그치리라" 했을 정도로 이 사건의 여파는 엄청났다. 이 와중에 아무런 죄 없는 조선의 처녀들이 죽었으니 참으로 안타까운 일이었다.

자살로 위장한 타살

요즈음도 그런 일이 왕왕 생기지만, 조선시대에도 살인을 저지른 뒤 처벌이 두려워 자살이라고 거짓 진술하거나 신고하는 일이 심심치 않게 일어났다.

정난공신으로서 권지權知(과거에 합격한 후 임용 대기 중인 수습 관원) 승문원 교리로 있던 곽자용의 딸이 대구 사람인 전 현감 서제의 아들 서맹원에게 시집가서, 서제와 담하나를 사이에 두고 살았다. 그런데 성종 3년에 서맹원이 아버지를 따라 서울에 올라갔을 때 그 아내가 칼에 찔려서 죽는 사건이 발생했다. 그 직후 경상도 관찰사가 관리를 보내 그 집안의 노비들을 국문하자 처음에는 모두 부인이 자살한 것이라고 말했다. 그러나 목과 가슴 한복판에 상처가 많아 스스로 찌르지 않은 것이 분명했다. 이에 곽자용이 특별히 어사를 파견해서 끝까지 추국推鞫(임금의 특명에 따라 중한 죄인을 심문함)해달라는 탄원서를 사헌부에 올렸다.

탄원에 따라 사건을 조사한 사헌부에서는, 만약 곽자용의 딸이 스스로 자신을 찔렀다면 어찌 상처가 이에 이르렀겠느냐며 다른 사람이 죽인 것이 분명하다고 단정했다. 그러면서 사건이 일어난 지 4개월이 지나 진상을 파악하기 어려우므로 사리에 밝은 중앙의 관원을 보내서 국문해야 한다고 임금에게 건의했다.

그 후 사헌부 장령 허적을 보내 관련자들을 국문한 결과 서맹원의 여종 막지가 다른 여종인 정월고초와 공모하여 서맹원의 아내 곽씨를 죽인 사실이 밝혀졌다. 이를 보고받고 사헌부에서는 이 죄가 능지처참에 해당된다면서 형조에서 다시 자세히 심문하여 형벌을 가해야 한다고 건의했다.

이에 임금은, "시신을 검시하자 서맹원의 처가 일곱 군데나 칼에 찔렸으니 스스로 죽은 것이 아닌 듯하다. 그러나 정월고초는 이미 죽고 오직 막지의 자백만 있을 뿐이며, 또 다른 증거가 없으니 정황이 의심스럽다"라고 지적했다. 이어서 임금은 경상도 관찰사 윤필상에게 그 친척과 이웃 마을 노비 들을 통해 실상을 조사하되, 전에 왕래한 자들도 조사해서 사건의 진상을 알아내라고 했다. 아울러 가까이 살고 있던 서맹원의 어머니는 며느리가 죽은 사실을 알고도 친히 와서 보지 않은 점 또한 의심스러우니 함께 조사하라고 명했다. 그 후 여러 사람이 이 사건에 연루되어 처벌을 받았을 것이나, 자세한 내용은 알려지지 않고 있다.

그 후 연산군 3년에도 이와 유사한 사건이 일어났는데, 초계 군수 유인홍의 첩이 그의 딸을 칼로 찔러 죽이고도 자살이라고 위장한 사건이 있었다. 당시에 유인홍은 딸이 죽은 것을 알고도 집에 있던 종들을 추궁하여 진상을 밝히려 하지는 않고, 오히려 종들에게 심문을 받게 되면 딸이 임신한 지가 6~7개월이었다는 말을 하라고 지시했다. 그리고 딸이 실행하여 자살했다고 하라는 언문 편지를 몰래 첩 무적에게 보내기까지 했다.

이 사건이 일어난 후 임금이 도승지를 보내서 유인홍에게 하문하자 사실대로 대답하지 않고, 딸이 발광하여 스스로 목을 찔러 죽었다고 진술했다. 이에 임금은 그 딸이 죽은 까닭을 유인홍이 반드시 알고 있을 것이라면서, 의금부에서 끝까지 국문하여 아뢰라고 지시했다.

이 소식을 들은 유인홍은 스스로 의금부 문밖에 가서 의금부 관리에게 말하기를, 전날에 그의 딸이 종에게 줄 삭료미朔料米(급료로 줄 쌀)로 면포를 샀기에 이를 나무랐는데, 그 뒤로 딸이 밥을 잘 먹지 않아 다시 나무랐더니 이에 늘 원망을 품었다고 했다. 그러다가 그가 마침 다른 고을에 나가 있는 사이에 딸이 스스로 목을 찔러 죽었는데, 자살하는 데 쓴 칼은 딸과 혼인을 앞둔 새 사위에게 주려고 상자에 넣어둔 손칼이었다고 했다. 그러면서 나라에서 딸이 그의 첩에게 죽은 것으로 여겨 장차 국문하려고 하니 원통하고 민망하기 그지없다고 말했다.

그러나 이런 이야기를 들은 의금부 관리는 임금에게 아뢰기를, 딸의 혼인에 쓸 손칼이 어찌 딸의 상자에 들어 있었겠으며, 비록 대장부일지라도 격분한 일이 없으면 스스로 목숨을 끊기 어려운데 하물며 연약한 여자로서 능히 할 수 있겠는가, 단연코 그럴 리가 없다면서 유인홍과 첩 등을 국문해야 한다고 건의했다.

그 후 유인홍은 의금부의 심문을 받는 자리에서 진술하기를, "사람들이 저의 첩이 딸을 찔러 죽였다고 하므로 신이 처음 듣고서 생각하니, 딸년이 죽은 것이 마침 신이 외지에 나갔을 때이며 또 신이 돌아오기를 기다리지 않고 바로 염을 했으므로 자못 의심스러웠습니다. 그러나 집안의 불상사를 남의 입에 오르내리게 하고 싶지 않고, 또 첩이 의심스러운 일로 죄를 얻을까 두려웠습니다. 만약 딸이 비록 실제로 자살했을지라도 사람들이 장차 신에게 허물을 돌려 돌보지 않아서 그렇게 된 일이라 할 것이므로, 신이 이것이 싫어서 숨긴 것입니다"라고 했다.

그러자 임금이 다시 전교하기를, "인홍은 그 첩이 애먼 죄를 얻을까 염려했으니, 이는 첩을 중하게 여기고 딸을 가볍게 여긴 것이다. 무릇 사람이 새가 죽는 것만 보아도 측은히 생각하여 그 죽게 된 까닭을 구명해야 할 것인데, 지금 인홍은 딸이 칼에 찔려 죽은 것을 보고도 조금도 마음 아파하지 않고 도리어 첩과 거짓말을 꾸며대어 딸이 스스로 목을 찔러 죽었다고 했다. 또 일찍이 그 종들에게 거짓으로 진술하게 유도했다. 이로써 미루어 보면 인홍이 반드시 그 모의에 참여하고도 바른대로 말하려 하지 않은 것이다. 그러므로 끝까지 국문하라"라고 명했다.

국문 결과 유인홍의 첩 무적이 그의 종 대산과 간통을 하다가 유인홍의 딸에게 들키자 사실이 누설될까 봐 여종 막장과 함께 찔러 죽인 것으로 밝혀졌다. 대산은 당시 나이가 열대여섯밖에 되지 않은 사내아이였다. 그리하여 무적은 국문 도중에 형장을 맞아 옥중에서 죽었다. 이때 마침 강상綱常에 관계된 범죄를 모두 사면했기 때문에 대산은 죽음을 면하고 변방의 작은 고을의 종으로 쫓겨났다.

그리고 첩과 함께 딸을 죽이는 데 가담한 여종 막장과 살인을 방조한 똥진은 주인의 가족을 죽인 죄로 모두 능지처참에 처해졌다. 당시의 법전에 따르면 노비나 고용자로서 가장과 그 가족이나 친척을 죽인 자는 능지처참하게 되어 있었다. 살인한 자는 보통 주범과 종범을 구분하여 각각 참형과 교형을 가했지만, 본 주인과 가족을 죽였을 때는 주범과 종범의 구분 없이 모두 능지처참했다.

다만 막장은 무적과 공모하여 제 손으로 칼을 들고 죽였으니 이 법규를 적용해야 마땅하지만, 똥진은 공모했다고는 하나 '너 할 대로 하라'고 한 것뿐이요, 또 살해하는 날 따라가 참여하지도 않았으므로 범행 정도가 막장과는 같지 않으니 능지처참이 아니라 참형에 처해야 한다는 의견이 있었다.

그리하여 대신들에게 이를 의논하게 한 결과, 본 주인을 죽인 것은 일반 사람을 죽인 것과 같이 논할 수 없고, 더구나 똥진이 막장에게 '너 할 대로 하라'고 한 것은 제 손으로 칼을 들고 죽인 것이나 마찬가지이기 때문에 능지형에 처해야 한다는 의견이 받아들여져 두 여종이 함께 능지처참을 당했다.

유인홍은 딸이 피살된 원인에 대하여 누차 국문할 때 바로 불지 않았으므로

'속이고 사실대로 대지 않은' 죄에 해당했다. 이에 따라 장 100대, 도徒 3년에 처하고 고신을 빼앗는 처벌을 받고, 양계兩界 지방으로 유배되었다. 그리고 5년 뒤인 연산군 8년에 유배에서 풀려난 뒤 소격서 별제에 다시 임명되었는데, 사헌부에서 그 딸의 죽음과 관련되어 중한 벌을 받고 파면된 자라 하여 부당함을 주장함에 따라 결국 임용이 취소되었다.

한편 이렇게 살해를 자살로 거짓 꾸민 일과는 반대로 자살을 타살로 위장한 일도 있었다. 중종 때 경세인은 친척의 토지와 노비를 빼앗고도 그 친척이 소송을 제기한 데 격분하여 그를 중상모략하려고 했다. 그리하여 그의 형이 광증으로 자살하자 남에게 살해되었다면서 그 친척을 죽음에 몰아넣으려 했다. 이 사건이 일어나자 임금은 처음에 경세인을 도역徒役에 처하라고 했다. 그러나 사헌부에서 그 정상이 지극히 흉악하므로 다시 먼 곳에 정배해야 한다고 건의함에 따라 정배되는 처벌을 받았다.

경세인은 조광조와 막역한 사이로 현량과에 급제하여 홍문관 정자와 박사 등을 지내다가 기묘사화로 파직된 사림파 인사다. 일설에 따르면, 그가 토지와 노비를 빼앗고 송사를 했다는 이야기는 당시의 권신 김안로의 모함이었다고도 한다.

6장

애도할 수만은 없는
죽음

망나니 부마의 죽음

　명종 대에 부마인 영천위 신의가 무소불위의 갖가지 행패를 자행하다
가 위리안치된 후 자진하라는 명을 받고 죽은 일이 있었다. 신의는 을사
사화에 세운 공으로 위사공신 3등에 봉해진 신수경의 아들로 문정왕후의
셋째 딸인 경현공주의 남편이었다. 그는 공주의 남편이요 공신의 아들이
라는 든든한 배경을 무기 삼아 온갖 못된 짓을 서슴없이 저질렀다.

　신의는 원래 성질이 흉악하고 행실이 사나워 어두운 밤에 음란한 짓
을 하는 것이 마치 도적의 행위와 같았다고 한다. 심지어는 재상의 아들
을 공공연히 구타하는 등 꺼리는 바가 없어 사람들이 모두 분개했다. 아
내인 공주를 능멸하고 인륜을 어지럽혀서 공주가 상심하여 큰일이 날
뻔한 적도 있었고, 집안 망칠 일을 함부로 해 중전이 여러 차례 훈계를

했는데도 따르지 않았을 뿐 아니라 도리어 중전을 욕하면서 못 하는 짓이 없었다.

그럼에도 징계를 받지 않아 더욱더 독기를 부려 사람을 죽이기까지 했다. 이에 명종 4년부터 사헌부 등에서 처벌을 주장했으나 임금은 지친을 어떻게 형률대로 다스릴 수 있겠느냐면서 윤허하지 않았다.

명종 7년에는 양주에 사는 김수현의 여종을 살해하는 바람에 김수현의 처가 그를 고소하는 일이 다시 일어났다. 그리고 주야로 쏘다니며 사람을 난타하여 상하는 자가 비일비재했으며, 양반의 부인을 능욕하기도 했다. 이에 사헌부에서 다시 그를 의금부에 내려 추국해서 죄를 다스려야 한다고 주청했으나 허락을 받지 못했다.

그 후에도 신의의 행패는 계속되었다. 칼날로 사람을 마구 때려 그에게 맞아 죽은 사람이 한둘이 아니었고, 무뢰한들을 거느리고 다니면서 바둑이나 장기를 두고 술이나 마시다가 어두운 밤이 되면 몰래 돌아다니면서 남의 재물을 빼앗는 등 못된 짓을 서슴지 않았다. 그러나 문정왕후가 그의 나이가 어리다고 용서하고 죄를 주지 않아 그는 이를 믿고서 더욱 방자해져 꺼리는 것이 없었다.

나중에는 공주의 집에 왕래하지 못하게 했는데, 조금도 뉘우치지 않고 공주의 의복을 억지로 벗겨서 간음한 기생에게 주기까지 했다. 심지어는 문정왕후가 내시를 보내 타이르면 듣는 즉시 성을 내며 꼿꼿이 앉아 엎드리지도 않았다. 이에 그의 행실이 대역부도한 죄와 다를 바 없다는 지적이 제기되자 임금은 드디어 그를 먼 지방으로 귀양을 보내라고 명했다. 그리하여 그는 명종 9년에 강원도 통천으로 귀양을 가게 되었다.

그러나 얼마 가지 않아 그는 방면되어 귀양지에서 돌아왔다. 그 뒤에도 조금도 잘못을 뉘우쳐 고치지 않고 독한 마음을 더욱 제멋대로 부려, 그 집 안과 마을에서 저지른 행위는 일일이 열거하기가 어려울 지경이었다. 그리하여 공주가 마음을 쓰다 병이 들었는데도 그는 공주가 병든 것을 다행으로 여기고 빨리 죽게 하려고 항상 놀라게 할 일을 저질렀다.

심지어는 공주가 보는 곳에서 계집종을 희롱해 공주가 화병이 도지게까지 했다. 그것도 모자라 공주가 그를 피해 가 있던 다른 집으로 밤에 갑자기 두 여자와 악공들을 데리고 돌입해, 공주가 자는 방 밖에서 악공에게 음악을 연주하게 하고 침실에서 여자들을 데리고 잤다. 마루 안에서 바로 문을 열지 않는다고 계집종을 때려 거의 죽게 만들기도 했다.

이렇게 되자 명종 11년에 임금은 천지가 용서 못 할 흉악한 짓이라 매우 통분스럽다고 하면서 그를 추국하게 하고 다시 통천에 귀양 보내 종신토록 위리안치하라고 지시하기에 이르렀다.

개버릇 남 못 준다고 했던가. 신의는 귀양지에 가서도 행패를 결코 멈추지 않았다. 위리안치는 죄인이 귀양지에서 달아나지 못하게 집 둘레에 가시로 울타리를 치고 그 안에 가두던 형벌이어서 죄인은 함부로 집 밖으로 나갈 수 없었다. 그렇지만 그는 귀양지에 도착한 후에도 출입을 마음대로 하면서 멋대로 폐해를 끼쳐 백성들의 어염魚鹽의 이익을 모두 빼앗아 독점했다. 백성들이 조금이라도 명령을 어기면 잔혹하게 구타하고 집까지 헐어버렸다. 그래서 근처 주민들이 그 고통을 견디지 못해 가솔을 거느리고 이사하는 자가 매우 많았다. 통천의 군수도 그의 독하고 사나움을 두려워하여 감히 그를 저지하지 못했다.

이렇게 되자 명종 12년 2월 사헌부에서 신의의 귀양지를 다른 곳으로 옮기고, 죄인을 마음대로 출입하게 해서 물의를 빚게 한 군수 이유정에게도 죄를 물어 심문하기를 청했다. 그러자 임금은 청을 받아들여 신의를 외딴섬에 안치시켜 출입하지 못하게 하고, 통천 군수는 파직한 후에 심문하라고 명했다.

그러나 그 뒤에도 신의의 행패가 그치지 않아 1년 뒤에 임금은 경상도 관찰사에게 각별히 가시울타리를 굳게 설치하고 거느리는 종은 두 명만 넣고서 출입하지 못하게 하여 반드시 자진하게 하라고 명하기에 이르렀다. 그칠 줄 모르고 끝도 없이 행하던 악행의 결말은 결국 죽음이었다. 왕실의 위세를 믿고 온갖 폐해를 일삼은 신의는 그야말로 막가파의 원조였다.

그런데 뒷날의 사관은 그에 대해 동정적인 평을 하기도 했다. 사관에 따르면, 신의는 무식하고 흉악한 사람일 뿐이며, 그가 거리낌 없이 방자했던 것은 공주의 세력을 의지하고 중전의 은총을 믿고서 한 짓이었다. 신의가 무도하기는 하지만 한 집안에 지은 죄에 지나지 않을 뿐, 나라에 득죄得罪한 것이 아닌데도 자진하게 한 것은 지나치지 않은가라고 사관은 명종의 조치를 비판했다.

패륜아 계모와 재산 다툼을 벌인

태종 시절에는 재산 문제로 계모와 다투다가 자살을 결행한 사람도 있었다. 박저생은 전서典書를 지낸 박침의 아들이었는데, 태종 6년1406에 계모 곽씨와 재산 싸움을 하다가 사헌부에 계모를 고소하기에 이르렀다. 이에 곽씨는 분한 나머지 박저생이 전에 그 아버지의 비첩婢妾인 파독을 간음했다고 맞고소를 했다.

그러나 이듬해에 사헌부에서 조사하여 보고한 내용은 이와는 달랐다. 즉 박저생이 처음에 파독을 첩으로 삼았으나 그 아버지 박침이 중간에 간음했고, 박침이 죽자 박저생이 다시 첩으로 삼았다는 것이다. 따라서 부자가 한 여자를 공간共奸한 정상이 명백하다고 했다. 또 곽씨는 집안의 추한 일을 발설함으로써 그 남편의 죄악을 드러나게 했고, 파독은 아비와 아들의 첩이 되기를 달게 여겨 거부하지 않았다고 보았다. 그리하여 이들은 모두 처벌을 받게 되었는데, 박저생은 장 100대에 유 3천 리를, 곽씨는 장 90대에 도 2년 반을, 파독은 장 100대의 처분을 받았다.

이에 박저생의 아들이 그 아버지의 죄를 사면해줄 것을 호소했다. 그러자 임금이 의정부에서 이를 의논하게 했는데, 의정부와 육조에서는 조祖, 부父의 첩을 간음하면 참斬한다는 규정이 있으니 박저생의 죄는 마땅히 이 형벌을 받아야 한다고 주장했다. 그러자 임금은, "파독은 본시 박저생의 첩인데 그 아비가 간음을 했으나, 이 계집종이 실제로 고하지 않았다. 그 아버지가 죽은 뒤에 박저생이 다시 간음을 했어도 아버지의 연고 때문에 그 아들을 고하지 않았다. 이제 직접 아버지의 첩을 간음한 것으로 여겨 참함은 그것이 '죄가 의심나거든 오직 가볍게 벌을 주라'는 조항으로 볼 때 어떠한가? 다시 의논하여 아뢰라"라고 했다. 그러나 사헌부나 형조의 관원들은 일제히 박저생을 사형해야 한다고 아뢰었다.

그러던 중 박저생이 옥중에서 도망하여, 이름을 바꾸어 생원 박의라 칭하면서 경상도 밀양군에 이르러서는 또다시 전 언양 감무 장효례와 재산을 다투다가 체포되었다. 이에 사헌부에서는, 박저생은 마음을 고치지 않고 이름을 바꾸어서 이익을 다투었으니, 형률에 의하여 시행하되 무부無父, 내란內亂의 죄로 다루어야 한다고 건의했다.

그 뒤 박저생은 임금의 지시로 감형을 받아 울주에 부처되었으나, 또다시 김화현으로 도망하여 숨었다가 그곳 사람과 밭을 다투는 등 불의한 짓을 자행했다. 그러자 태종 12년에 피해를 당한 사람의 아내가 사헌부에 그를 고소했고, 이에 박저생은 결국 자살을 하고 말았다. 계모와 벌인 재산 다툼이 화근이 되어 끝내 자살에 이르렀으니, 재물 욕심의 끝은 바로 죽음이었다. 자고로 욕심이 잉태한즉 죄를 낳고 죄가 장성한즉 사

망을 낳느니라 했고, 족함을 알면 욕을 당하지 않고 그침을 알면 위태함
에 빠지지 않는다고 했다.

애 도 할 수 만 은 없 는 죽 음

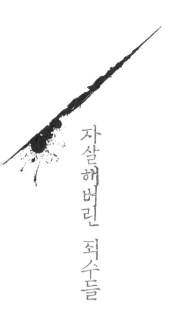

자살해버린 죄수들

조선시대에는 옥에 갇힌 죄수들이 감옥 생활을 참지 못하거나 억울한 심정에서 옥졸獄卒의 감시가 소홀한 틈을 타서 자살하는 일이 빈번하게 일어났다.

세종 대의 일인데, 전라도 광주 목사 신보안이 사망하는 사건이 일어났다. 그 사인을 두고 신보안의 하인 오한에게 묻자, 관아에 있다가 사람을 때리는 소리가 들려서 가보니 고을 백성 노흥준이 신보안을 때려서 상처를 입혔는데 결국 죽었다고 진술했다. 그리하여 오한에게 자세한 사건의 전말을 물었으나 대답을 제대로 하지 않았고, 곤장을 치며 심문해도 역시 자백하지 않았다.

이에 그를 옥에 가두어두었는데, 얼마 후 목을 매어 자살하고 말았다. 이 사건을 보고받은 임금은 고을 수령이 피살당한 것은 고을 사람들이 다 같이 증오할 일이지만, 오한이 갑자기 목매어 죽었으니 의심스러운 일이라면서 다시 조사하라고 지시했다. 그러나 그 결과는 전해지지 않고 있다.

중종 36년1541에는 장효례라는 죄수가 옥에서 목을 매어 죽었다. 일반적으로 사형수는 목에 칼을 씌우고 손에 수갑을 채워서 뒤로 결박해, 제 손으로 목을 매어 자살하지 못하게 했다. 그런데 옥졸이 뇌물을 받고 칼을 풀어주었고 관원도 제대로 단속하지 않아 자살케 한 것이다. 이에 그 옥졸과 관원이 처벌을 받았다.

연산군 대에도 전옥서의 죄수 안지기가 스스로 목을 매어 죽었으므로 해당 관원을 파직시킨 적이 있었다. 그런데도 옥졸들이 죄수를 살피는 데 여전히 조심하지 않아, 의금부의 죄수 심소남이 스스로 목을 매어 죽는 일이 또 일어났다. 이에 임금은 죄수가 자살하면 해당 관리들의 죄를 용서하지 않겠다는 전교를 내려야 했다.

광해군 대에는 역모 사건에 연루되어 체포된 김제세가 몰래 옷소매를 찢어 목을 매려고 했는데, 옆에서 지키던 사람이 때맞추어 구했다. 그러자 의금부에서는, 역적이 자기가 오래지 않아 반드시 죽으리라는 것을 알고 스스로 목숨을 끊으려 했다면서, 다시 칼과 수갑을 채워 엄중히 가두어 자살하지 못하게 했다. 이처럼 죄수가 자살하는 일이 자주 일어나자 조정에서는 죄수의 감시를 철저하게 하도록 조치했지만, 그 뒤에도 죄수의 자살 사건은 계속 일어났다.

숙종 15년1689에는 효종 대에 영의정을 지낸 김육의 아들인 전 충훈부 도사 김도연이 음독자살했다. 그는 그 직전에 일어난 기사환국으로 죽임을 당한 병조판서 이사명과 가깝다는 이유로 탄핵을 받아 사형될 위기에 몰렸었다. 당시에 임금은 기필코 김도연을 사형시키려 했고 대간도 이를 극력 주청했다. 이렇게 되자 김도연의 장인인 동평위 정재륜이 죽음을 면할 수 없음을 알고 그에게 자살을 권했던 것이다.

숙종 27년에는 의금부에서 오랫동안 죄수들을 판결하지 않아, 죄수들 가운데 포도청 서원書員 한 명이 고통을 참지 못해 스스로 목을 찔러 죽었다. 그리하여 의금부 당상과 입직 낭관들이 처벌을 받았다. 영조 대에도 죄수 정사공이 음독자살하여 지키던 나졸들을 잡아다가 심문하게 한 적이 있다.

윤승손·이상신

부모를 죽인 시역 죄인

요즘도 부모를 해치는 자식들이 종종 뉴스에 등장하는데, 조선시대에도 역시 부모를 살해하는 시역 사건이 종종 일어났다. 조선 전기인 중종 대에는 시역 사건이 계속 일어나 큰 충격을 주었다. 그러자 조정에서는 그런 범죄자는 반드시 엄중하고 명백하게 처벌해 법의 위엄을 확실하게 보이고자 했다.

그러나 지방의 수령들은 읍호邑號(부, 목, 군, 현 등 고을의 칭호)가 강등되고 관직이 교체되는 것을 꺼려 시역 사건을 은폐하려고 했다. 그리하여 부모를 죽인 자를 옥졸을 시켜 고의로 죽이거나 협박하여 자진하게 하는 일까지 있었다.

실제로 중종 38년1543에 경상도 의성의 윤승손이 그 아버지를 죽인 죄로 하옥되었는데, 현령 정언룡이 그를 옥중에서 죽게 했다 하여 파직된 일이 있었다. 그 뒤 명종 대에는 충청도 황간에 살던 기청이란 백성이 광증이 있었는데, 그 어머니를 찔러 죽이고 즉시 자살해버린 사건이 일어나기도 했다.

조선 후기에도 여전히 시역 사건이 일어나, 효종 대에는 어머니를 때려 죽인 후 자살한 사건도 있다. 당시 전라도 함열현의 유현일이 몽둥이로 제 어미를 때려 죽였다. 이에 형조에서는 "강상의 변이 어느 시대인들 없겠습니까마는 놈처럼 흉악한 자는 없었는데 벌을 받기 전에 자살했으니, 매우 통분합니다. 그의 아우 세룡은 이미 실상을 알고서도 처음에 바른대로 고하지 않아 그 죄가 그의 형과 다름이 없는데, 본도의 관찰사는 한 차례 형신을 가하고 곧 도로 내보냈으니, 옥사를 처결하는 사체를 잃었습니다. 마땅히 도로 세룡을 구금하여 다시 엄형을 가해 기어코 실정을 얻어내야 합니다"라고 아뢰었다.

임금은 이를 윤허하면서 하교하기를, "현일은 죄가 대역에 관계되니, 이미 죽었다고 하여 그대로 둘 수는 없다. 소급하여 법을 가하는 것도 안 될 것은 없으니, 대신에게 물어서 조처하라"라고 명했다.

이에 영의정 김육이 건의하기를, "자식으로서 손수 제 어미를 죽였으니, 흉역凶逆의 정상이 반적反賊과 무엇이 다르겠습니까. 마땅히 법에 따라 정형正刑(사형에 처하는 형벌)할 일인데 미처 하옥되기 전에 자살해버렸으니 법을 제대로 집행하지 못한 정도가 심하다고 하겠습니다. 다만 소급하여 벌을 가하는 법은 법전에 실려 있지 않은 것으로서 국가가 혹 역적의 괴수에게 시행하기는 해도 강상의 변에 대해서는 비록 미처 정형하지 못한 자가 있더라도 소급해 벌을 가한 일이 있다는 말은 듣지 못했으니, 신은 불가하다고 생각합니다"라고 했다.

그러자 임금은 다시 이렇게 명했다.

예로부터 흉역들 가운데 이놈처럼 제 손으로 제 어미를 죽인 자는 없었다.
만일 특별히 처치하는 일이 없으면 어떻게 이 나쁜 풍속을 깨우치겠는가.
이는 교화가 밝지 못한 데서 나온 것으로서 진실로 과인의 죄다. 한 가정
의 역자逆子는 한 나라의 역신과 무엇이 다르겠는가. 다시 영중추부사 이경
여에게 의논하라.

《효종실록》 권6, 2년 4월 임신

그러자 이경여는, "천하의 악은 마찬가지이니 시역의 변은 가정이나
국가가 무엇이 다르겠습니까. 옛날 왕돈王敦(진나라 때 황제 자리를 노려 난을 일으
킴)이 죽은 뒤에 무릎을 꿇리고 목을 베자 당시 사람들이 통쾌하게 여겼
으며, 주온朱溫(당나라를 멸망시킨 인물)이 추후의 주륙을 면하자 후세에서는 유
감으로 생각했습니다. 이제 현일이 손수 제 어미를 죽였는데도 정형을
하지 못하여 죄에 걸맞은 벌을 주지 못했으니, 소급하여 주륙을 가하는
것이 무방할 듯합니다. 다만 추후에 형을 가하는 처벌은 법전에 없으므
로 상례를 벗어나 특별히 벌을 주는 것은 신이 감히 함부로 의논할 수
없습니다"라 했다.

이에 임금은 "법전에 없다는 것을 모르는 것은 아니다. 오늘날의 변은
한갓 새, 짐승도 하지 않는 짓이기 때문에 실로 부득이해서 그러는 것이
다. 특별히 상례 이외의 무거운 형률을 써서 그 죄를 처벌할 것이며, 앞
으로는 이를 끌어다가 규례로 삼지 말라" 하고 지시했다.

시역 사건과는 성격이 조금 다르지만 숙종 즉위 직후에는 어머니를
과실過失로 죽게 한 사람이 자살을 기도한 일도 있었다. 당시 경기도 광

주에 살던 이상신이 집 뒷마당에서 활쏘기를 익히고 있었는데, 그 어머니가 때마침 울타리 안에 앉아 있었다. 이상신이 활을 잔뜩 당겨 쏘려고 할 때 손에 낀 깍지가 벗겨져 떨어지면서 화살이 시위를 벗어나 빗나가서는, 그 어머니의 허리와 등 사이를 맞히는 바람에 어머니가 사흘만에 죽었다.

이상신은 어머니를 장사 지낸 뒤에 관아에 가서 이실직고하고 죽음을 청했다. 이때 그의 아버지는 그가 사고를 낸 뒤에 여러 번 스스로 목매는 것을 겨우 구했다고 진술했다. 이 사건은 임금에게까지 보고되어 그 처리 방안을 대신들에게 의논하게 했다. 그러자 대신들은, "이상신의 어미가 죽음에 이른 것이 이상신이 쏜 화살에 잘못 맞았기 때문이라면, 이상신의 도리에 있어서는 하루도 천지간에 스스로 용납될 수 없으니 마땅히 즉시 자결하여 조금이라도 망극한 회한을 풀었어야만 합니다. 비록 당초 스스로 목맬 때 그 아비가 구했다고 하지만 지금까지 죽지 않고 있으니, 또한 형편없이 사납고 어리석은 것을 알 수 있습니다"라 했다. 그러면서 법에 따라 처벌해야 한다고 건의했다. 결국 이상신은 자식이 부모를 과실로 죽인 자는 장 100대, 유 3천 리에 처한다는 규정에 따른 처벌을 받았다.

　세종 11년1429에 경기도 광주에 살던 사노 원만이 그 주인집 처녀 고음덕과 사통하여 자식을 낳고, 처자를 데리고 도망하여 전라도 순천까지 갔다가 목매어 자살했다. 임금은 사노와 간음한 고음덕은 법에 따라 참형에 처하고, 그들 사이에서 태어난 아기는 거두어 굶주리거나 추위에 얼어 죽지 않게 하라고 명했다.

　중종 대에 일어난 일인데, 종친인 양평 부수副守의 처녀 딸이 실행이 드러나자 목매어 자살했다. 이 소식을 들은 임금은, "죄가 두려워서 죽었는지도 모르겠다. 추국하려고 하는데 이렇게 급히 죽었다니, 매우 황당하다. 의금부에서 상세히 조사하라"라고 명했다. 그때 처녀의 아버지인 양평 부수가 처녀를 데리고 경상도 예천의 풍양으로 갔는데, 처녀가 목매어 자살한 것은 아마도 자살하라고 윽박지른 것 같다는 보고가 있었다. 이에 양평 부수도 조사하게 했다.

또 명종 시절의 사재감 참봉 최계조는 성품이 본래 경망스러운 데다 가풍도 보잘것없었다. 그는 무뢰배 같은 자식들을 내버려두어 불의한 짓을 제멋대로 행하며 못 하는 짓이 없는데도 도리어 권유하기까지 했다. 그의 아들 최확은 패악한 자로 무뢰배들과 무리를 지어서 도박을 일삼으며 남의 재물을 빼앗았다. 그들은 밤이면 무리지어 모였다가 날이 새면 흩어지고 하면서 양반 부녀자들과 은밀히 간통을 했다. 명종 19년에 사헌부가 이 사실을 알고서 그를 매질하여 죽였다.

그런 다음, 그와 간통을 한 양반 부녀인 문력과 이제의 딸, 그리고 청릉부원군 심강의 아들 심지겸의 아내를 그들 집 안에서 각각 자살하게 했다. 양반 사대부 가문의 여인들을 번거롭게 일일이 심문하기 어려워 그 과정을 거치지 않고 곧바로 자살케 한 것으로, 원래 간통죄를 저지른 자는 참형에 처하게 되어 있었으나 쉬쉬하며 자살로 사건을 조용히 덮으려 한 것이다. 이와 동시에 최학의 아버지 최계조도 파직했다.

숙종이 즉위한 직후에도 간통녀가 자살한 사건이 있었다. 당시 이천에 살던 이종업이 그 아내의 간부를 간통하는 현장에서 붙잡았다가 놓친 뒤 며칠 만에 다시 잡아 때려 죽였는데, 그 아내는 자살했다. 당시 형조에서는, 이종업이 간부를 잡아서 죽인 것은 간통한 장소에서 놓친 지 3일 후였으므로 법 조항과 다르다면서 '살인율'을 적용하여 그를 처형하는 것이 마땅하다고 주장했다.

이에 임금은 승정원의 건의에 따라 '등시살사율'을 적용하라고 명했다. 등시살사율은 일이 생긴 그 시각 그 장소에서 죽이는 법규다. 즉 처나 첩이 간통할 경우, 본 남편이 간음하는 현장에서 간부奸夫와 간부奸婦를 직접 잡아 살해할 때 적용하는 법으로, 법적인 절차를 밟지 않고 개인적으로 죽이더라도 일반 살인과 달리 아무런 처벌을 받지 않았다.

형조에서는 계속 살인율을 적용할 것을 주장했지만, 당시의 영의정 허적은 "간부와 간부를 등시살사하는 것은 법에 묻지 말라고 했으니, 이는 대개 그 형적이 분명하기 때문입니다. 한 번이라도 오름내림이 있으면 반드시 뒷날에 폐단을 끼칠 것입니다. 지금 이종업의 일은 그 형적이 명백한데, 만약 살인의 율을 적용한다면 억울하게 될 것입니다. 선조先祖 대에도 이와 같은 옥사가 있었는데, 특별히 사형을 면해주라 명하셨습니다"라고 건의했다. 이에 임금은 이종업을 사형시키지 않고 유배 보내게 했다.

영조 대에는 죽은 윤신지의 손자의 아내인 과부 김씨가 아이를 낳는 변고가 일어났다. 그 집에서는 관청에 고하지 않고 자진하게 했다. 그 때문에 간통한 남자를 적발하지 못했다. 이에 사간원에서는, 이 일은 풍교에 관계된 것이므로 그대로 두어서는 안 될 것이라면서 마땅히 엄히 그 종들을 문초해 사실을 밝혀내야 한다고 건의했다. 그러자 임금은 해당 관서에서 엄히 조사하라고 지시했다.

앞의 사건들은 모두 간음을 한 여자가 자살한 사건인데, 현종 대에는 간음한 남녀가 함께 자살한 일도 있었다. 즉 한양 남부南部에 살던 죽은 진사 신빈의 후처 김씨가 신빈의 전처소생 아들 신유정과 몰래 간음한 일이 발각되자 두 사람이 동시에 목을 매어 죽었다. 어머니와 아들이 서로 간음한 것은 강상의 막대한 변고인데 남녀 두 사람이 다 스스로 죽어서 사형을 집행하지 못하니, 사람들이 몹시 개탄했다고 한다.

조선땅에서 자살한 일본인들

오늘날에도 일본은 자살률이 매우 높은 국가 중 하나지만, 예로부터 일본인들은 자살을 사무라이 정신의 발현으로 찬양했다. 사무라이, 즉 봉건시대 무사들은 자신들의 실수나 실패를 불명예로 여겨 할복자살하는 것을 명예로 받아들였다. 이러한 생각은 태평양전쟁 때의 가미가제에서도 잘 나타난다. 《설국》의 작가 가와바타 야스나리의 자살, 공직자들의 자살 등도 여전히 찬양되고 있다.

이처럼 일본인들은 자살에 매우 관대한 것 같은데, 조선시대에도 우리나라에 들어와 살고 있던 일본인들이 자살하는 사건이 자주 일어나 그들은 죽음을 가볍게 여긴다는 인식을 조선인들에게 심어주었다.

조선은 건국 후 무질서하게 입국하는 왜인들을 통제하기 위해 삼포, 즉 부산포동래, 내이포또는 제포, 웅천, 염포울산를 개항하고 왜관倭館을 설치했다. 왜관은 교역과 접대의 장소로 삼았고, 무역과 어로 등이 끝나면 일시적인 체류자가 아닌 개항장에 거주하는 항거왜인恒居倭人 60호 외에는 돌아가게 했다.

그러나 왜관에 체류하는 왜인의 수는 점차 늘어나 성종 5년1474에는 이미 400여 호에 2천 명을 넘게 되었다. 처음 약정된 60호 외에는 일본으로 돌려보내는 쇄환정책을 실시하려고 했으나, 조선 정부가 확실한 단언을 내리지 않음으로써 그 수는 계속 늘어나 커다란 사회문제로 대두되었다.

이들 항거왜인들은 고기잡이를 주업으로 하거나 거주 지역 내의 토지를 경작하여 생활했다. 그러나 그들은 좀 더 나은 생활을 위해 점차 왜리倭里라는 자신들의 거주 지역을 이탈해 불법적으로 거주 지역과 경작 토지를 확대해갔다.

이처럼 조선에 거주하는 일본인들이 늘어감에 따라 여러 가지 문제를 일으키고 자살하는 자들도 많아졌다. 세종 1년1419 6월에 경상도 각 포浦에 와서 머물고 있는 왜인과 장사하는 왜인을 모두 잡아서 각 관청에 나누어 가둔 적이 있는데, 경상도에 355명, 충청도에 203명, 강원도에 33명으로 모두 591명이었다. 그 밖에 포로로 잡을 때 죽은 자와 해변의 여러 섬에서 수색하여 잡을 때 물에 몸을 던져 자살한 자가 136명이었다. 당시 이 소식을 들은 사람들은, "왜인들은 생명을 가볍게 여기고 죽고 사는 것을 돌보지 않는다"라고 했다.

왜인들의 이런 풍조는 세종 20년에 우의정 허조가 임금에게 한 말에 잘 드러나고 있다. 즉 "일본은 군신 상하가 없이 각기 흩어져 있고 명령 계통이 없다 하오나, 신의 생각으로는 일본 황제는 천지가 개벽한 이래로 혁명한 적이 없고, 또 장수가 패하여 죽으면 그 휘하의 장사들이 모두 자살하여 충절을 본받고 있사오니 어찌 군신 상하가 없다고 말하겠습니까"라고 하여 일본인들이 자살을 많이 했음을 지적한 바도 있다.

성종 17년1486에는 왜인들이 바친 후추에 대해 처준 값이 적다고 하면서 성을 내어 말하기를, "우리가 본도쓰시마 섬로 돌아가면 도주가 반드시 죽일 것입니다" 하면서, 후추 값을 더 달라고 요구했다. 그러나 조정에서는 후추는 본래 정해진 값이 있으므로 더 줄 수 없다고 답했다. 그러자 왜인들이 다시, "후추의 감해진 값이 1,118필에 이르니 본도로 돌아가면 도주가 반드시 우리를 사형에 처할 것이므로, 다 같이 죽을 바에야 여기에서 죽겠습니다"라면서 값을 더 쳐주지 않으면 자살하겠다고 위협했다.

이에 임금이 대신들에게 의논하게 하자 윤필상이 아뢰기를, "지금 원하는 대로 더 주면 뒤에 오는 자가 이를 본받을 것이니, 잇대기가 어려울 것입니다. 그러나 왜인은 목숨을 가벼이 여기므로 혹시라도 자결할까 두려우니, 호조에서 잘 헤아려 값을 증액해주는 것이 좋겠습니다"라고 했다. 다른 대신들도 대체로 값을 더 줄 것을 건의했다. 이에 따라 임금은 "형세가 진실로 거부하기 어렵다. 호조에서 잘 헤아려 더 주게 하라"라고 명했다.

1506년 반정으로 즉위한 중종은 정치 개혁의 일환으로 왜인들에 대해 법규에 따라 엄한 통제를 가했는데, 이에 그들은 불만이 고조되어 삼포왜란을 일으켰다. 중종 5년1510 4월 삼포의 왜인들은 조선을 침략할 기회를 노리던 쓰시마 도주와 연합해 4천~5천 명에 달하는 폭도들을 이끌고 부산포와 내이포에서 약탈과 학살 등의 만행을 자행하고, 웅천성과 동래성까지도 침공했다.

이에 조선 정부는 군대를 파견해 왜적을 섬멸했으며, 그 결과 삼포에 머물던 왜인들은 모두 쓰시마 섬으로 도주하고 난은 평정되었다. 이 난으로 조선 측은 군민 272명이 피살되고 민가 796호가 불탔으며, 왜적 측은 선박 다섯 척이 격침되고 295명이 죽거나 사로잡혔다. 이 왜란으로 삼포의 왜관은 폐쇄되었으나, 중종 7년1512에 임신약조를 체결하여 국교가 회복되는 동시에 내이포만 다시 개항했다. 그러나 이후에도 왜인의 침범이 잦아지자 조선은 일본과 국교를 단절하여 약 30년간 정식 교역이 두절되었다.

삼포왜란으로 양측 모두 큰 피해를 입었는데, 특히 포로로 잡힌 왜인들 가운데는 자살하는 자가 많았다. 중종 6년 5월에 삼포왜란 때 사로잡았다가 서울에 가두어둔 왜인들을 지방에 나누어 배치하려 하자, 왜인들이 문을 닫고 나오지 않으면서 저항하다가, 급기야는 12명이 모두 칼로 자살을 해버렸다. 이에 임금은 예조에 명하여, 관곽을 갖추어 그들을 매장하게 했다.

이듬해에는 폭동에 가담했던 나머지 왜인들을 가을까지 기다렸다가 형을 집행하려 했다. 그러나 왜인들은 성질이 조급하여 가을까지 기다렸다가 처형한다면 자살할지도 모르므로 빨리 처형해야 한다는 주장이 제기되기도 했다. 또 그직전에는 의령 현감이 가두어둔 왜인들을 잘못 지켜 일곱 명이 한꺼번에 목을 매어 죽은 일도 있었다.

그 밖에도 왜인 이라다라는 동평관東平館(서울 남산 기슭에 있는, 일본 사신이 머물던 곳)에 와 있다가 왜란이 일어나자 죽음을 당할까 두려워하여 자살했다. 그는 조선에 와서 조선의 벼슬을 받았는데, 죽은 후 조선 땅에 장사를 지냈다. 중종 32년에 그의 아들이 아버지의 벼슬을 이어받아 조선에 왕래하며 아버지의 무덤에 제사하고 싶다면서 물소 뿔 20개를 바쳤으나 조정에서는 그의 청을 끝내 받아들이지 않았다.

한편 일본의 장수로 임진왜란 때의 선봉장이었던 가토 기요마사가 왜란 중에 자결을 기도한 일이 있었다. 그는 도요토미 히데요시와 도쿠가와 이에야스를 도와 일본 전국의 통일에 기여한 인물이다.

히데요시의 친척인 기요마사는 자라서 군인이 되어, 곧 전투에서 두각을 나타냈다. 임진왜란 때는 선봉에 서서 잔인하게 싸웠기 때문에 조선인들은 그를 '악귀 기요마사'라고 불렀다. 또한 점령지인 함경도에서 히데요시의 불임 치료를 위해 보낼 호랑이 사냥을 자주 했으므로 '호랑이 가토'라고 불렀다고도 한다.

1592년 임진왜란이 일어나자 그는 히데요시의 명령으로 제2군 사령관으로서

제1군 사령관 고니시 유키나가와 함께 조선을 침략했다. 그는 조선의 동북쪽인 함경도로 진격했고, 전쟁 초반에 조선의 왕자인 임해군과 순화군을 포로로 사로잡기도 했다.

1596년 히데요시의 귀환 명령을 받고 일본으로 돌아갔던 그는 이듬해 정유재란 때 제1군 사령관으로 다시 일본군을 이끌고 조선을 침략했다. 기요마사는 몇 달에 걸쳐 울산에 지구전을 펼칠 수 있는 도산성島山城을 쌓았으나, 그해 12월 조선과 명나라 연합군에게 포위당해 식량과 물 부족으로 병사의 대다수가 제대로 싸워보지도 못하고 패전하게 되었다.

당시 기요마사는 처음에는 도산성이 포위되었다는 보고를 믿지 않다가, 12월 23일 밤에 비로소 군사 50명을 거느리고 도산의 내성內城으로 들어갔는데 20명이 중도에 살해당했다. 남은 군사 30명과 양식을 아껴 먹으며 여러 날을 지내던 그는, 사세가 급박해지자 손칼을 뽑아 자신의 목을 겨누었다. 그러자 군관이 칼을 빼앗으면서 말하기를, "여기에 소 한 마리가 있으니 삶아 먹을 수 있다. 이를 다 먹은 후에 자결하라" 했다.

중국 군사들이 퇴각하던 날에 그 고기를 먹고 있던 기요마사가 조선의 군사들이 성 아래에서 포위하고 있는 것을 보고는 대검을 뽑아 또 목을 찌르려 했다. 그러자 군관이 또 빼앗으면서 조금만 기다리라고 말했다. 얼마 후에 보병이 달려 나가자 성 틈으로 적들을 엿보면서 말하기를, "내가 이곳에 있다 한들 무슨 일을 하겠으며 돌아간들 무슨 낯으로 돌아가겠는가"라면서 날마다 히데요시가 소환하기만 기다리고 도산 등지에 성책을 더 쌓았다고 한다.

도산성에서 농성을 벌이던 기요마사는 1598년 2월 히데요시가 죽고 철수 명령이 내려지자 패전한 일본군을 이끌고 일본으로 퇴각했다. 일본으로 돌아간 뒤 그는 히데요시의 어린 아들의 섭정이었던 이에야스가 다이묘大名들의 연맹에 대항해 지위를 확보하는 데 협조했다.

역사가 기억해야 할 조선의 죽음과 희생정신

죽음을 택한 조선의 선비들

초판 1쇄 발행 2010년 11월 25일
개정판 1쇄 발행 2016년 4월 27일

지은이 정구선
펴낸이 이범상
펴낸곳 (주)비전비엔피·애플북스

기획 편집 이경원 박월 김승희 강찬양 배윤주
디자인 김혜림 이미숙 김희연
마케팅 한상철 이재필 반지현
전자책 김성화 김희정
관리 박석형 이다정

주소 우) 04034 서울시 마포구 잔다리로7길 12 (서교동)
전화 02)338-2411 | **팩스** 02)338-2413
홈페이지 www.visionbp.co.kr
이메일 visioncorea@naver.com
원고투고 editor@visionbp.co.kr

등록번호 제313-2007-000012호

ISBN 979-11-86639-18-4 03900

· 값은 뒤표지에 있습니다.
· 잘못된 책은 구입하신 서점에서 바꿔드립니다.

「이 도서의 국립중앙도서관 출판예정도서목록(CIP)은 서지정보유통지원시스템 홈페이지(http://seoji.nl.go.kr)와
국가자료공동목록시스템(http://www.nl.go.kr/kolisnet)에서 이용하실 수 있습니다.(CIP제어번호: CIP2016009545)」